Rindo e Refletindo com a História

Rindo e Refletindo com a História

Richard Simonetti

Capa e ilustrações:
José Policena

3ª Edição • Janeiro • 2013
1.500 exemplares
15.001 a 16.500

Copyright 2006 by
Centro Espírita Amor e Caridade
Bauru • SP

Edição e Distribuição

CEAC
EDITORA

Rua 7 de Setembro 8-56
Fone/Fax (14) 3227-0618
CEP 17015-031 - Bauru - SP
site: www.ceac.org.br • e-mail: ceaceditora@ceac.org.br

Dados Internacionais de Catalogação na Publicação (CIP)
(Câmara Brasileira do Livro, SP, Brasil)

```
Simonetti, Richard
    Rindo e refletindo com a história -
Richard Simonetti. --    Bauru, SP :
CEAC Editora, 2007.

    ISBN 978-85-86359-62-0

    1. Espiritismo   2. Meditações   I. Título.

07-5646                                    CDD-133.9
```

Índices para catálogo sistemático:

1. Espiritismo : Meditações   133.9

A Humanidade progride por meio de indivíduos que, pouco a pouco, se melhoram e se esclarecem.

Quando estes prevalecem pelo número, tomam a dianteira e arrastam os outros.

De tempos em tempos, surgem entre eles homens de gênio que lhe dão um impulso e, depois, homens investidos de autoridade, instrumentos de Deus que, em alguns anos, fazem a Humanidade avançar muitos séculos.

Allan Kardec, comentário à questão 789, de *O Livro dos Espíritos*.

Sumário

Além do rir e refletir 13
Em favor da saúde *15*
Toda uma biblioteca *21*
O poder da não-violência *29*
A espada de Dâmocles *35*
A grande vitória *39*
Medidas *45*
Entre o Céu e a Terra *51*
A virtude fundamental *57*
Quando se estreita o caminho *65*
São os outros *71*
O filósofo e o guerreiro *77*
A encarnação do demo *83*
Oráculos *89*
O cheiro do dinheiro *95*
Nephelokikkygia *101*
O tropeço do santo *105*

A caixa preta *111*
Também o Espírito *117*
Idéia equivocada *123*
Completando a missão *129*
Desvios na periferia *135*
A casca grossa *141*
Marcas luminosas *147*
Veio de lá *153*
Perigosa recapitulação *165*
Apenas uma concha no oceano *171*

Além do rir e refletir

Diz um provérbio chinês que o tempo que passamos a rir é de convivência com os deuses.

Realmente, o riso não apenas desopila o fígado, como proclama a sabedoria popular. Também nos transporta para um estado feliz de consciência, a pausa que refresca a "cuca", em meio às atribulações deste planeta de provas e expiações, como define a Doutrina Espírita.

Por outro lado, proclama Cícero, o grande orador romano, que ignorar o que aconteceu antes de termos nascido equivale a sermos sempre crianças. Imperioso, portanto, que nos debrucemos sobre o passado, em favor de nosso crescimento no presente.

Ressalte-se que mesmo quando nos disponhamos a dilatar nossa compreensão do Mundo, estabelecendo contato com marcantes personagens, costumes e acontecimentos da História, haverá sempre *a possibilidade de descontrair, com episódios ou comentários bem-humorados.*

Desnecessário considerar que em livros como este o enfoque primordial será sempre a Doutrina Espírita, que nos permite ilações mais profundas, valorizando nosso aprendizado de forma que, muito mais que o riso ou a reflexão, tenhamos motivo para nos conscientizarmos de que há um objetivo para a existência humana, que nos compete definir e concretizar.

Ficarei feliz, amigo leitor, se você assim sentir ao ler estas páginas.

Bauru, junho de 2007.

Em favor da saúde

Alguém bem-humorado, provavelmente às voltas com médicos mercantilistas, escreveu um manual de orientação para os pacientes, do qual tirei alguns tópicos interessantes:

- Jamais espere que o médico compartilhe de seu sofrimento. Se o esculápio envolver-se, terá dificuldade em apresentar a conta, principalmente se você passar desta para melhor.

- Não o perturbe com problemas pessoais.
Se ele não estiver tranqüilo, será impossível planejar de *cabeça fria* a melhor maneira de engordar sua conta bancária.

- Nunca lhe peça para detalhar seus males.
Além de você não entender nada, irá fazê-lo perder seu precioso tempo.

- Se um tratamento não lhe trouxer qualquer benefício, receba de boa vontade a nova orientação.
Ele está pesquisando.

- Jamais comente seus erros de diagnóstico e tratamento.
Ele acabará acertando se você empenhar-se em continuar vivo.

- Não cometa a indelicadeza de entrar em óbito durante o tratamento.
Seja o cliente ideal: não sare e não morra.

Não obstante levar o assunto na base do deboche, o autor reporta-se à penosa realidade, nestes tempos de lamentável comercialização da Medicina.

Para reflexão dos médicos, seria interessante lembrar de um colega diferente.

Recusava interpretações mágicas ou religiosas.

Considerava que a doença é conseqüência de um desequilíbrio orgânico motivado pelo comportamento desajustado. Males a afligirem o paciente estariam associados à sua maneira de ser. Ressaltava, por isso, o valor da observação, da conversa, do contato mais demorado, do empenho por conhecê-lo em suas limitações e dúvidas.

Evitava tratamentos radicais. Considerava que a função do médico é ajudar o cliente a harmonizar-se com a Vida, superando arraigadas mazelas para que os males que o afligem sejam eliminados.

Mudar sua cabeça para que a doença deixe seu corpo.

***

Imagina, talvez, o leitor, que estou me referindo a um vanguardeiro atual da medicina psicossomática, enfronhado em moderna metodologia.

Negativo.

Ele viveu há perto de dois mil e quinhentos anos. Trata-se de Hipócrates (460-377 a.C.), notável missionário médico, um dos grandes vultos da Humanidade.

Honestíssimo, idealista, dedicado, viveu para a nobre arte de curar, deixando dezenas de livros.

Prevendo os estragos que discípulos afoitos poderiam produzir, advertia:

Tenha por hábito duas coisas – ajudar, ou pelo menos não produzir danos.

É famoso o juramento que instituiu, de fidelidade aos princípios éticos na Medicina, que ainda hoje é usado em colações de grau.

Feito resumidamente no Brasil, é um roteiro precioso para idealistas que se iniciam na profissão médica.

Prometo que, ao exercer a arte de curar, me mostrarei sempre fiel aos preceitos da honestidade, da caridade e da ciência.

Penetrando no interior dos lares, meus olhos serão cegos, minha língua calará os segredos que me forem revelados, o que terei como preceito de honra; nunca me servirei da minha profissão para corromper os costumes ou favorecer o crime.

Se eu cumprir este juramento com fidelidade, goze eu a minha vida e minha arte boa reputação entre os homens e para sempre.

Se dele me afastar ou infringi-lo, suceda-me o contrário.

Beleza de juramento, inspirando uma existência de dedicação à saúde humana, um sacerdócio médico!

***

Com licença de Hipócrates, eu acrescentaria um componente nesses bons propósitos: a oração.

André Luiz, médico desencarnado que descreve suas experiências no Além com o concurso da extraordinária mediunidade de Chico Xavier, enfatiza que a saúde humana é cuidado prioritário da Espiritualidade.

Fundamental que as pessoas tenham boa disposição, equilíbrio físico e psíquico, a fim de que aproveitem integralmente as oportunidades de edificação e aprendizado na jornada humana.

Deveríamos todos desencarnar depois dos noventa anos, atendendo à programação biológica da espécie. E, embora pareça paradoxal, morrer com saúde. Morrer em decorrência de um esgotamento natural dos órgãos, não por desarranjos decorrentes do mau uso.

Trata-se de uma realização para o homem do futuro, capaz de manter equilibrado o corpo e saudável a mente.

É em favor dela que transitam pela Terra missionários da estirpe de Hipócrates.

Segundo André Luiz, o médico, guardião da saúde, faz-se acompanhar de colegas do Além que o assistem para que sejam acertados os seus diagnósticos e eficientes suas prescrições.

O grande problema, explica, diz respeito à sintonia.

Se o médico não cultiva a oração, fica difícil.

Envolvido no corre-corre atual, pendurado em vários empregos para sobreviver, não raro empolgado pela comercialização da Medicina, não acha tempo, nem disposição para orar.

Pior: a maioria sequer cogita do assunto.

Contando apenas com suas experiências, sem se valerem dos que sabem muito mais, os médicos da Terra falham com freqüência.

É por isso que, no livro *Libertação*, psicografia de Francisco Cândido Xavier, após reportar-se à dificuldade que enfrentam os médicos do Além para ajudar seus colegas da Terra, comenta um mentor espiritual, dirigindo-se a André Luiz:

– *Ah! Se os médicos orassem!*

Toda uma biblioteca

Empirismo, como sabe o prezado leitor, é o princípio segundo o qual todo conhecimento provém da experiência.

Um político norte-americano discursava para uma comunidade indígena, fazendo promessas de campanha relacionadas com os benefícios que prestaria aos índios se fosse eleito.

Durante sua fala e principalmente ao final, os índios gritavam em uníssono: *oia, oia!*

Satisfeito com tal receptividade, o político caminhava distraído pelo campo em direção ao seu automóvel, quando, inadvertidamente, pisou sobre um montículo de estrume, o cocô de boi.

O assessor indígena logo advertiu:

Cuidado com a *oia!*

Pois é, leitor amigo, o político literalmente aprendeu pela própria experiência que *oia* não era exatamente uma saudação.

Isso é empirismo.

***

John Locke (1632-1704), filósofo inglês, sistematizou essa idéia, situando a nossa mente como uma tábula rasa, um estado de vazio completo, ao nascermos. Seria uma página em branco, que iríamos preenchendo durante a existência.

Duas etapas seriam observadas:

- A sensação, colhida por intermédio dos sentidos, portas de contato com a realidade exterior.

- A reflexão, que sistematiza o resultado das sensações.

Não haveria, por isso, tendências ou idéias inatas.

Seria tudo fruto da experiência e das pressões do ambiente.

Curiosamente, o próprio Locke era evidente negação de sua teoria.

Homem brilhante, destacou-se como professor, médico, ensaísta, cientista, filósofo, religioso, político...

Foi conselheiro de um lorde inglês, tutor de seus filhos e médico de toda a família. Antes mesmo que recebesse diploma de médico, graças a seus conhecimentos teóricos, dispôs-se a efetuar o parto de uma das filhas de seu patrão e, em seguida, operou o avô da jovem, extraindo um tumor de seu peito, em delicada cirurgia.

Raro exemplar de político honesto, ajudou a redigir uma constituição para colônias inglesas, destacando um programa de tolerância política, social e religiosa.

Colaborou no desenvolvimento das indústrias na Inglaterra e foi pioneiro no princípio de participação dos operários nos lucros das empresas.

Batalhou, no campo das idéias, em favor da imprensa livre, considerando-a fundamental para evitar-se regimes ditatoriais e monarcas despóticos.

Incansável na defesa da liberdade de consciência, admitia que todas as religiões têm pontos básicos em comum e que não é razoável haver hostilidade entre os religiosos.

E era um homem de fé.

O fato de Locke crer em Deus é algo inusitado, porquanto o empirismo é incompatível com a experiência religiosa. Não podemos ter um contato com o Criador a partir dos sentidos físicos.

Tão amplos eram seus conhecimentos, tão brilhante a sua erudição, tão grande a sua competência, em variados setores de atividade, que não há como conter tudo isso nos acanhados limites de uma única existência.

Locke foi um Espírito milenar em trânsito pela carne, trazendo farta bagagem de vivências anteriores.

E embora adepto do empirismo na abordagem do Mundo, privilegiava, como todo Espírito superior, a sensibilidade, o sentimento elevado, no trato com os problemas humanos e o semelhante.

Por isso, dizia bem-humorado:

O homem que vive de acordo com a razão tem o coração de uma máquina de costura.

***

Nos últimos tempos, já prestes a desencarnar, Locke chamou os amigos e disse-lhes que podiam se alegrar por ele. Finalmente iria encontrar o caminho para a verdade infalível, além de todas as dúvidas humanas.

Como filósofo e como religioso, que admitia a existência e sobrevivência da alma humana, faltou-lhe o conhecimento fundamental – a reencarnação.

Saberia, então, que ao nascer não trouxe uma página em branco, como supunha, mas toda uma biblioteca contida em seus registros espirituais, que fizeram dele uma das mais destacadas personalidades do século XVII.

Efetivamente, com a reencarnação compreendemos por que cada indivíduo revela, no desdobramento de sua vida, tendências e vocações variadas, não compatíveis com as influências do presente.

São frutos de experiências passadas, e quanto mais velho, mais vivido o Espírito, maior o acervo de volumes que compõem sua biblioteca existencial, favorecendo-lhe o discernimento e a atuação no meio em que se situa.

***

Quando prefaciamos um livro, estamos apresentando o autor e, sobretudo, oferecendo ao leitor algumas informações quanto ao conteúdo.

Na produção dos exemplares reencarnatórios, na formação de nossa *biblioteca para a eternidade,* o prefácio funciona um pouco diferente.

É feito antes de ser escrito o livro.

Prefaciadores especiais: os pais.

Eles traçarão, pela educação, as diretrizes básicas, oferecendo condições para que o *autor escreva* algo de produtivo, que enriqueça sua coleção de experiências reencarnatórias, sem perder tempo com amenidades ou comprometer-se com licenciosidades.

Oportuno destacar, a esse propósito, a questão 383, de *O Livro dos Espíritos:*

Qual, para este (Espírito), a utilidade de passar pelo estado de infância?

Resposta: Encarnando, com o objetivo de se aperfeiçoar, o Espírito, durante esse período, é mais acessível às impressões que recebe, capazes de lhe auxiliarem o adiantamento, para o que devem contribuir os incumbidos de educá-lo.

Na infância, o Espírito é extremamente sensível às influências que recebe dos adultos, particularmente dos pais.

Podem ajudá-lo a superar suas limitações, a vencer más inclinações, a desenvolver a virtude e o discernimento.

Na adolescência, quando o Espírito desperta para a vida presente e assume a posse de si mesmo, tudo vai depender dele, de sua iniciativa.

O próprio Locke, com sua notável facilidade em fazer amigos e conviver com as pessoas, dotado de espírito de tolerância e respeito pelas convicções alheias, certamente trazia essas virtudes do passado, mas teve o reforço de um lar bem ajustado, orientado por princípios religiosos.

Em sua época a violência contra as crianças, nas escolas e no lar, era algo natural. Educava-se na base de pancadas.

Segundo seus biógrafos, a família Locke era uma exceção. Havia respeito e paciência com as crianças, que eram estimuladas à cooperação e à solidariedade.

Quando o filósofo atingiu a maioridade, o pai lhe disse:

— Meu filho, devo pedir-te desculpas.

— Por que, pai?

— Há vários anos, num momento de invigilância, perdi a calma e te bati.

Um pai bem digno do filho que tinha.

Valoroso prefaciador de um livro que nos honraria escrever.

O poder da não-violência

Futuras gerações dificilmente acreditarão que tenha passado sobre a face da terra, em carne e osso, um homem como ele.

Essa afirmação de Albert Einstein (1879-1955) diz respeito ao líder indiano Mohandas Gandhi (1869-1948).

Quando analisamos sua existência, a maneira absolutamente incrível como libertou seu país do jugo inglês, entendemos a admiração do grande físico.

A Índia era a jóia mais preciosa da coroa britânica, destacando-se num império tão grande, em seu apogeu, que nele o sol nunca se deitava.

Os ingleses não estavam nada dispostos a atender os reclamos de liberdade do povo indiano, nem preocupados com aquele homem mirrado que encarnava os anseios populares.

Não contavam com sua espiritualidade, a capacidade de mobilização para o mais incrível de todos os movimentos em favor da liberdade – a desobediência civil.

Por orientação de Gandhi, deveria ser sustentada pelo princípio da não-violência nos confrontos com os usurpadores do solo pátrio.

Havia quatro itens fundamentais:

- *Violência física*
  Não agredi-los.

- *Violência verbal*
  Não falar mal deles.

- *Violência mental*
  Não pensar mal deles.

• *Violência emocional*
Não odiá-los.

Os homens liderados por Gandhi paralisavam trens, desobedeciam leis, infringiam regulamentos, sustentavam greves...

Pacificamente, deixavam-se prender e torturar sem alimentar ódios ou ressentimentos.

E porque não podiam, indefinidamente, atacar e encarcerar aquelas multidões que corajosamente infringiam suas leis e obstinadamente recusavam reagir às suas agressões, os ingleses acabaram se convencendo de que a única solução seria deixar a Índia.

***

Diz Gandhi:

A não-violência é a lei da espécie humana, assim como a violência é a lei do bruto. O Espírito jaz dormente no irracional, que não conhece outra lei senão a força. A dignidade do homem exige obediência a uma lei superior – ao poder do espírito.

O *mahatma* (grande alma) está nos convidando a assumir a condição humana, marcada pelo empenho de nos sobrepormos aos instintos.

Foi assim que ele libertou um povo.

É assim que nos libertaremos do bruto ainda dominante no comportamento humano.

Mostrando-nos o vasto painel que se desdobra além-túmulo, a Doutrina Espírita enfatiza que é de fundamental importância limparmos nosso coração de mágoas e rancores, pesos terríveis que nos prendem a faixas vibratórias inferiores, a sustentar males variados que nos oprimem.

***

Sugiro, leitor amigo, façamos um teste para verificar nosso enquadramento nos princípios preconizados por Gandhi.

Imaginemos que alguém nos ofenda ou prejudique. Consideremos o comportamento ideal:

- *Violência física.*

    Não cogitamos de dar-lhe um tiro ou uns *bons sopapos*.

- *Violência verbal*

    Não exprimimos indignação em termos fortes e

altissonantes, nem *homenageamos* a senhora sua mãe, atribuindo-lhe aquela profissão pouco recomendável.

- *Violência mental*
  Não alimentamos o desejo de que seja atropelado por um trem ou *vá para o diabo que o carregue*.

- *Violência emocional*
  Não ficamos a verrumar o mal que nos causou, a vibrar de ódio por ele e pena de nós mesmos.

Se forem essas as nossas reações estamos de parabéns.

Deixamos a caverna do bruto ancestral.

Melhor ainda quando formos capazes de agir como o próprio Gandhi.

Um repórter lhe perguntou se já havia perdoado seus inimigos.

– Nunca perdoei ninguém.

– Não entendo... o senhor, líder espiritual do povo indiano, contrário a qualquer sentimento de animosidade, não perdoa seus inimigos?!

– Não é preciso. Nunca me senti ofendido...

A espada de Dâmocles

Dionísio, o Velho (430-367 a.C.), general astuto e hábil, salvou Siracusa do domínio de Cartago, tornando-se rei.

Sua fama era péssima.

Impunha-se pela força e a crueldade.

Não obstante, tinha seus temores.

Como todos os tiranos, trazia as *barbas de molho;* desconfiava de tudo e de todos. Imaginava-se prestes a ser envenenado ou apunhalado por covardes traidores e implacáveis inimigos.

Um de seus cortesãos, Dâmocles, incensava a vaidade do tirano, situando-o como alguém invejável por suas riquezas e poderes.

Dionísio dispôs-se a demonstrar-lhe que não era bem assim...

Certa feita o convidou a tomar seu lugar numa festividade. Seria rei por uma noite, a fim de experimentar as delícias do poder.

Em plena euforia, cercado de aduladores, Dâmocles sentia-se o dono do Mundo, ainda que por breves horas.

Extasiava-se, quando, ao olhar para o teto, pôs-se trêmulo e apavorado.

Viu uma espada afiadíssima, suspensa sobre sua cabeça, tendo a sustentá-la frágil crina de cavalo.

Dionísio explicou-lhe que essa era sua própria condição.

Permanentemente ameaçado por incontáveis perigos.

Já que Dâmocles quisera desfrutar os prazeres do poder por uma noite, experimentaria, também, a perspectiva apavorante:

A espada poderia desabar sobre sua cabeça, perfurando-lhe os miolos.

Podemos imaginar o que foi aquela noite para o pobre cortesão...

A espada de Dâmocles simboliza a precariedade das situações humanas.

Doenças, dificuldades, problemas, desilusões, amarguras, dores, acidentes, roubos podem nos atingir inesperadamente.

A própria morte, não raro, aproxima-se sorrateira.

Age como um ladrão.

Não sabemos quando, onde e como se apresentará.

Viver é um risco. É por isso que muita gente situa-se inquieta, tensa, nervosa, à maneira do apavorado cortesão.

***

Não obstante, podemos conservar, em qualquer situação, a capacidade de viver tranqüilos e felizes.

Basta lembrar que, acima das contingências humanas, há a presença soberana de Deus, o Senhor Supremo.

Diz o salmista (Salmo 23):

O Senhor é o meu pastor.
Nada me faltará.
Deitar-me faz em pastos verdejantes.
Guia-me mansamente a águas tranqüilas.
Refrigera a minha alma.

Guia-me nas veredas da justiça por amor do seu nome.

Ainda que eu ande pelo vale da sombra da morte, não temerei mal algum, porque tu estás comigo...

Proclama o apóstolo Paulo (Romanos, 8:31*).*:

Se Deus estiver conosco, quem estará contra nós?

É exatamente assim, amigo leitor.

Considerando que Deus está sempre conosco, não há por que temer absolutamente nada, nem mesmo a morte. O Senhor nos amparará quando ela nos embarcar, inexorável, no comboio para o Além, desdobrando-nos novas experiências.

Devemos considerar apenas uma questão pertinente, algo de que devemos cogitar todos os dias, ajudando-nos a caminhar sem desvios e com segurança:

Estamos com Deus?

A grande vitória

O essencial não é vencer, mas competir com lealdade, cavalheirismo e valor.

Essa frase é atribuída a Pierre de Fredi, o Barão de Cobertin (1863-1937), educador francês a quem cabe o mérito da reinstituição dos Jogos Olímpicos, a partir de abril de 1896. Ela resume com clareza seu pensamento a respeito da tradicional competição que marcou a civilização grega:

Uma festa esportiva universal, na qual os países confraternizassem, sem preocupação com os louros da vitória ou, modernamente, com as medalhas.

Essa tendência era marcante na Grécia antiga.

Na época das competições, as cidades eventualmente em guerra faziam uma trégua de três meses, tempo suficiente para a participação de seus atletas, favorecendo, não raro, um acerto nas suas divergências.

Deveriam os atletas comportar-se com *lealdade, cavalheirismo e valor,* garantindo uma competição tranqüila, sem atritos, com observância consciente e irrestrita dos regulamentos.

Oportuno destacar que em 884 a.C. uma peste assolava o Peloponeso. Por orientação de Pítia, sacerdotisa que interpretava os oráculos de Delfos, o rei Ífito, da Élida, teria reinstituído os Jogos Olímpicos, interrompidos, por razões desconhecidas, entre os séculos XV e IX a.C. Seria uma maneira de aplacar a fúria dos deuses, responsável pela epidemia.

A intenção, portanto, era de apaziguamento.

***

A cada Olimpíada, certamente o Barão de Cobertin revira-se na sepultura.

O idealismo que marcou sua iniciativa anda longe!

Desde sua reinstituição, os jogos olímpicos transformaram-se em palco de disputas por dinheiro, prestígio e poder.

Em 1936, Adolf Hitler (1889-1945) pretendeu fazer da competição, realizada em Berlim, o palco para demonstração da superioridade da raça ariana que, segundo seus delírios, deveria dominar o Mundo por mil anos.

Um humilde negro americano, Jesse Owens (1913-1980), ganhou quatro medalhas de ouro, enfurecendo o ditador, que em sua megalomania ignorava que o valor de um homem está em suas realizações, não na cor de sua pele ou na sua raça.

Durante a guerra fria, em disputas hegemônicas entre o bloco comunista, liderado pela Rússia, e o bloco capitalista, liderado pelos Estados Unidos, as Olimpíadas foram vitrines para demonstrar as virtudes daqueles regimes, com a vitória de seus atletas.

Em princípio, as provas eram restritas a amadores, dentro do melhor espírito de confraternização que deveria marcar a competição.

Em breve, o profissionalismo tomou conta, com atletas dedicados aos treinamentos em regime integral, subvencionados pelo Estado ou por empresas, de conformidade com os interesses em jogo. Isso se acentuou tanto com o decorrer do tempo, que hoje praticamente todos os participantes são profissionais.

A sede de vitória, sinônimo de prestígio, fama e fortuna, tornou a *lealdade* e o *cavalheirismo* meros anacronismos. A ordem é vencer a qualquer custo. Quanto ao valor, passou a sinônimo de dinheiro, muito dinheiro para os vencedores.

Na ânsia dos primeiros lugares, inúmeros atletas submetem-se a recursos químicos que potencializam músculos e nervos, em busca de maior força, maior velocidade, maior acuidade... Uma das preocupações dos países organizadores é justamente coibir essas iniciativas, com controles variados, o que está cada vez mais difícil, ante a sofisticação de substâncias que surgem a cada dia, favorecendo um vigor artificial.

Situadas pela mídia numa das grandes atrações mundiais, com bilhões de telespectadores e radiouvintes, as Olimpíadas constituem, hoje, um grande negócio, em que a ordem é transformar os vencedores em heróis para consumo popular.

Isso dá audiência.

Audiência é sinônimo de dinheiro.

***

Não é difícil definir por que todas as atividades humanas inspiradas em nobres ideais, como as Olimpíadas, são desvirtuadas.

É, uma vez mais, o nosso velho egoísmo.

Egoísmo individual que se projeta na consciência dos povos, fazendo da vitória o objetivo fundamental, glória nacional ferreamente perseguida. Gastam-se fortunas para tanto, em detrimento de objetivos mais nobres, como melhorar as condições de vida das classes pobres.

As Olimpíadas somente cumprirão seu grande objetivo de confraternização universal, aproximando os povos, quando todos os homens se empenharem no esforço maior, digno do grande Hércules que, segundo a mitologia, teria dado início àquelas competições na Grécia.

Derrotar o egoísmo.

Podemos imaginar uma olimpíada diferente, bem mais empolgante, com modalidades, digamos, evangélicas.

Algumas provas:

- Fraternidade
- Humildade
- Bondade

- Misericórdia
- Pureza
- Compreensão
- Caridade

O maior, o campeão dos campeões, seria aquele tão empenhado em servir, em ajudar o próximo, em praticar o bem, que fosse capaz da suprema proeza:

Esquecer de si mesmo, sacrificando-se em favor do bem comum, como ensinou Jesus.

Não receberia louros nem medalhas e certamente nem seria identificado, na melhor tradição cristã de anonimato da virtude.

Seria festejado na intimidade da própria consciência, habilitando-se à felicidade em plenitude.

Medidas

A expressão *sofista* tem hoje um sentido pejorativo, definindo argumentação aparentemente correta, mas mal-intencionada, que induz a conclusão enganosa.
Exemplos:

Quanto mais estudamos, mais sabemos.
Quanto mais sabemos, mais coisas esquecemos.
Quanto mais esquecemos, menos sabemos.
Então, para que estudar?

Existem biscoitos feitos de água e sal.
O mar é feito de água e sal.
Logo, o mar é um biscoitão.

Nos áureos tempos da Grécia acontecia diferente. O sofista era um *sophistés*, sábio em grego, tanto quanto filósofo era um *philos,* amante, *sophoi*, do saber.

Viajados, inteligentes e cultos, os sofistas ganhavam a vida como professores.

O mais famoso foi Protágoras (480-410 a.C.), de cujas idéias temos apenas fragmentos, destacando-se a frase famosa:

O Homem é a medida de todas as coisas.

É uma concepção perturbadora.

Significa que o bem e o mal, o certo e o errado, a moralidade e a imoralidade, tudo que envolva a sociedade humana, só pode ser conduzido em relação aos interesses e necessidades do Homem, atendendo aos tempos e aos costumes, de acordo com suas conveniências.

Só é admissível o conhecimento que se possa assimilar mediante os sentidos físicos, pondo em dúvida, portanto, princípios como a imortalidade da alma, a vida além-túmulo, a presença de Deus...

Indagado sobre os deuses, enfatizava:

Nada posso dizer de concreto. São muitas as coisas que ocultam o saber: a obscuridade do assunto e a brevidade da vida humana.

Aplicadas ao cotidiano, essas idéias induzem a uma concepção utilitária e imediatista da existência, sem cogitações superiores.

Na verdade, mesmo sem conhecer o sábio grego, o homem comum tende a viver dessa forma, orientando suas iniciativas em torno de seus interesses. Ainda que concebendo a existência de um ser superior, que tudo vê, não tem grandes preocupações com isso.

É ele sempre a medida das próprias ações.

Em tudo o que faz, prevalecem seus desejos, sob inspiração do egocentrismo que lhe marca as aspirações e atividades, pretendendo que a vida gire em torno de seus desejos.

Quando ligado à religião, dificilmente ultrapassa as águas da superficialidade, interessado em garantir seu bem-estar, na medida de suas necessidades, sem nenhuma preocupação em observar as medidas de sua crença.

***

O conceito de Protágoras é derrubado pela Doutrina Espírita, que desdobra para nós a vida espiritual, com testemunhos e experiências daqueles que partiram.

Fossem os princípios espíritas mera questão de fé e continuaríamos sujeitos à mesma medida – nós mesmos –, dispostos a aplicá-los de conformidade com nossas conveniências.

Ocorre que o enfoque espírita é o da razão, desdobrando-nos realidades que transcendem as limitações dos sentidos.

Então, o apelo espírita deixa de ser uma questão de crença, condicionada à aceitação, e passa a ser um imperativo do conhecimento, orientado pela razão.

O reconhecimento das realidades espirituais impõe mudanças também nas medidas que utilizamos na vida de relação, convocados a superar mesquinhos interesses particulares, em favor de nobres ideais.

***

Um aspecto importante:

A tendência arraigada no espírito humano, de julgar o comportamento alheio, usando por medida nossas próprias mazelas.

Diz Jesus (Lucas, 6:37-38):

Não julgueis, e não sereis julgados.
Não condeneis, e não sereis condenados.
Perdoai, e perdoar-vos-ão.
Dai, e dar-se-vos-á.
Boa medida, recalcada, sacudida e transbordante, generosamente vos darão.
Pois com a mesma medida com que medirdes vos medirão também.

O que vemos nos outros é, geralmente, o que há em nós.

Jesus enfatiza que isso nos causará problemas, quando convocados a prestar contas de nossas ações diante da justiça divina.

Com o Espiritismo temos ilustrações perfeitas sobre o assunto, a partir do intercâmbio com o Além.

Observamos, compadecidos, a situação daqueles que assim o fizeram durante a jornada humana.

Sofridos e atormentados, é como se advertissem:

– Cuidado. Alimento-me de amargos frutos que você também colherá, se não mudar a medida de suas ações...

***

Superada a máxima de Protágoras pela revelação espírita, que transcende os acanhados sentidos físicos, uma providência se impõe à nossa iniciativa:

Utilizar a *régua evangélica,* insistentemente enfatizada nas abordagens doutrinárias.

Ela nos permite identificar a gloriosa presença de Deus no Universo, e avaliar a precariedade de nossas medições quando apreciamos a vida e o próximo com a métrica de nossas fragilidades.

Entre o Céu e a Terra

Dando asas à imaginação, concebamos que precários fossem os registros sobre a vida e a obra de Francisco Cândido Xavier (1910-2002).

Certamente, dentro de alguns séculos muita gente estaria a conjeturar:

– Existiu, realmente, esse tal de Chico Xavier?

Sua vasta produção literária seria atribuída a autores diversos. Por razões pessoais, teriam optado pelo anonimato.

O grande médium seria reduzido a simples mito.

***

Algo semelhante ocorre com William Shakespeare (1564-1616), o famoso escritor inglês, notável não só pela fertilidade literária, prolífero poeta e dramaturgo, mas, sobretudo, pela erudição, a extensa cultura, a familiaridade com as leis, o amplo conhecimento de história, política, geografia...

Foi genial nas expressões literárias, na musicalidade de suas expressões, na profundidade de seus conceitos.

Destacou-se, sobretudo, pelo vasto painel da sociedade humana, o estudo psicológico dos protagonistas de suas peças teatrais, diálogos e monólogos que se apresentam como expoentes da linguagem poética.

Tão ampla e extraordinária é a sua produção literária, que ainda hoje há quem duvide de sua existência.

Não seria apenas um *testa-de-ferro* para nobres ingleses, que preferiram não se identificar, em face da temática abordada, com claras referências aos problemas políticos de seu tempo?

Dentre figuras famosas por trás do dramaturgo inglês estariam o poeta Christopher Marlowe (1564-1593) e o filósofo Francis Bacon (1561-1626).

Como um simples ator, educado em uma escola primária do interior da Inglaterra, com *vagas noções de latim e conhecimentos precários de grego,* poderia ter escrito peças de tal densidade dramática, de tão grande erudição?!

Como alguém tão pouco qualificado poderia transformar-se no mais famoso escritor de língua inglesa, e o que mais poderosa influência exerceu sobre a literatura moderna?!

***

Assim como o fenômeno Chico Xavier, Shakespeare só pode ser entendido se considerarmos que não trabalhava sozinho.

Atuou, em variadas circunstâncias, como intérprete de gênios da espiritualidade que conduziram seu pensamento, sugerindo temas, desenvolvendo idéias, fixando imagens...

Os gregos, cujas fantasias mitológicas abrigam inefáveis realidades espirituais, falariam em musas inspiradoras, que o ajudaram a compor sua obra imortal.

Destaque para os sublimes monólogos, particularmente o de *Hamlet,* sempre citado quando se fala sobre os desafios da vida e os mistérios da morte.

Ser ou não ser, eis a questão...

Contemplando o crânio de um morto, o príncipe divaga sobre a conveniência de enfrentar os desafios da vida ou confiar-se aos mistérios da morte.

Seria a morte um simples dormir, povoado de sonhos?

É a dúvida sobre o porvir que impõe enfrentemos o indesejável:

...a calamidade de uma vida tão longa.

Não será demais lembrar que, como Chico Xavier, Shakespeare era um homem bem-humorado, o que se percebe em algumas frases pinçadas nas suas produções:

O casamento faz de duas pessoas uma só. Difícil é determinar qual será.

Os homens deviam ser o que parecem ou pelo menos não parecerem o que não são.

Poucos gostam de ouvir falar de faltas que com prazer praticam.

Nunca houve um filósofo que conseguisse suportar pacientemente uma dor de dentes.

É uma infelicidade da época que os doidos guiem os cegos.

Sofremos muito com o pouco que nos falta e gozamos pouco o muito que temos.

***

Detalhe significativo:
Assim como todos os autores que escrevem sob inspiração mediúnica, a obra de Shakespeare está pontilhada de referências à morte e à vida espiritual.

Os Espíritos interferem na trama de várias de suas peças, influenciando decisivamente a destinação das personagens.

Tal é o caso do próprio Hamlet, que, de forma inusitada, toma conhecimento de que seu pai fora assassinado por Cláudio, seu tio, em conluio com a rainha Gertrudes, sua mãe.

É o rei assassinado quem se apresenta diante do filho para dar-lhe a terrível informação.

A partir daí, desdobram-se os conflitos do príncipe, empolgado pelo desejo de vingança.

Num de seus encontros com o genitor desencarnado, seu amigo Horácio estava presente.

Racionalista, estudante de filosofia, como Hamlet aluno da Universidade de Wittenberg, posto avançado do humanismo protestante, que excluía qualquer possibilidade de contato com fantasmas falantes, Horácio tem dúvidas...

É então que Hamlet pronuncia a frase sempre repetida, quando se questiona a sobrevivência e a possibilidade de entrarmos em contato com os mortos:

Há mais coisas entre o céu e a terra, Horácio,
Do que sonha a tua filosofia.

Será sempre vã a filosofia enquanto limitar-se às lucubrações dos filósofos, a falar das misérias da vida e do niilismo da morte, sem considerar que ambas são apenas etapas de uma jornada.

Marcam as experiências de aprendizado do Espírito imortal, rumo à sua gloriosa destinação.

E, sempre que necessário e possível, os desencarnados dão-se à visão dos homens para nos dizer que o morrer não é apenas um *dormir, talvez sonhar,* como divaga Hamlet.

É o maravilhoso retorno à Pátria Espiritual, onde nos esperam gloriosas experiências, algo tão *visível* à luz do Espiritismo quanto o ponto final que você, leitor amigo, verá ao terminar de ler a última palavra deste parágrafo.

A virtude fundamental

A jovem estava apavorada com o parto.

O médico a tranqüilizava:

— Não tenha medo. Olhe para minha longa barba branca, que reflete muitos anos de experiência. Fique tranqüila. Vamos lhe dar um leve sedativo e, quando você acordar; conversaremos.

Após o parto, a jovem abre os olhos e se depara com um barbudo debruçado sobre ela.

— Obrigada, doutor! Estava com muito medo, mas parece que deu tudo certo, não é?

— Depende do ponto de vista, jovem. Eu sou São Pedro.

É uma piada que vai meio para o humor negro, quando lembro que em meados do século XIX, em Viena, algo semelhante ocorria com gestantes internadas na Clínica de Obstetrícia do Hospital Geral, que funcionava como escola de Medicina.

Tinham muito medo. Prefeririam ter seus filhos na via pública, às portas do hospital – era menos perigoso.

Um fantasma sanguinário encaminhava para São Pedro uma em cada quatro parturientes na clínica, vitimadas pela febre puerperal.

Trata-se de uma infecção terrível, que se instala nos órgãos genitais femininos, logo se disseminando por todo o organismo, a terrível septicemia.

Sabemos hoje que é causada por bactérias, principalmente o *Streptococcus hemolyticus*. Naquele tempo nem se sonhava a existência desses agentes patogênicos.

É próprio de nosso atraso espiritual a coexistência pacífica com as misérias humanas.

Médicos, enfermeiros e residentes conviviam sem maiores problemas com aquela incrível taxa de mortalidade, que transformava a clínica em sucursal da morte, quando deveria ser glorioso portal da vida.

***

Em 1844, o doutor Inácio Felipe Semmelweis (1818-1865), jovem e brilhante médico húngaro de vinte e seis anos, começou a trabalhar na clínica.

Distinguiu-se, desde logo, por significativo detalhe: Não se conformava.

Considerou, desde logo, inconcebível aquela situação.

Certamente havia uma causa. Não era natural, nem razoável, que tantas mulheres encontrassem a morte justamente no momento em que realizavam o mais acalentado sonho feminino – a maternidade.

Contrariando a direção da clínica, que julgava tolice sua preocupação, Inácio Felipe iniciou frenética pesquisa.

Dissecou dezenas de cadáveres das vítimas da febre puerperal.

A morte era pródiga em oferecer-lhe material de pesquisa.

Os resultados eram nulos. Não levavam a nenhuma conclusão.

Consultou autoridades médicas.

As definições pomposas – febre gastrobiliosa, peritonite epidêmica, infusão miasmática, apenas disfarçavam a completa ignorância dos discípulos de Esculápio.

Era preciso começar praticamente do nada.

Obedecendo a um impulso, iniciou um trabalho estatístico.

Havia duas enfermarias para as parturientes. Numa delas o índice de mortalidade era três vezes maior.

Uma única diferença entre ambas:

A de mortalidade menor era atendida por parteiras.

Na outra atuavam os estudantes.

Muito estranho! Teoricamente, eles tinham melhores condições para preservar a saúde das parturientes.

Após alguns meses, sofreu rude golpe.

Um dos professores do hospital, que fora seu mestre e dos poucos que apoiavam suas pesquisas, morreu de infecção, a partir de pequeno corte no dedo, ao ministrar uma aula de anatomia, dissecando um cadáver.

Quando Inácio Felipe leu seu atestado de óbito teve um sobressalto. A infecção que o matara tinha as mesmas características da que atacava as parturientes.

Ali estava a chave para a solução do enigma. Imaginou os estudantes dissecando cadáveres, nas aulas de anatomia, e depois auscultando as parturientes, levando-lhes a infecção assassina. Por isso, na enfermaria atendida por parteiras o índice de mortalidade era bem menor.

A solução do problema era simplíssima – lavar as mãos!

Inácio Felipe instituiu rigorosa disciplina, exigindo que todas as pessoas que lidavam com as parturientes desinfetassem as mãos com uma solução clorada.

Imediatamente os índices de mortalidade por febre puerperal despencaram a quase zero.

Conceberá, certamente, o leitor, que seu feito repercutiu no hospital e ele foi aclamado como um salvador das gestantes.

Ledo engano!

Simplesmente seus superiores passaram a hostilizá-lo. Médicos e estudantes, com a arrogância atrevida dos ignorantes, não cumpriam suas instruções, considerando-o um tolo pretensioso.

Acabou despedido, com todo o seu trabalho perdido, sua descoberta ignorada.

A mortalidade voltou aos terríveis índices anteriores.

Retornando à sua pátria, Inácio Filipe batalhou durante quinze anos para convencer a classe médica, com pouca receptividade.

Por ironia do destino, feriu-se numa dissecação e morreu, em 1865, com apenas quarenta e sete anos.

Pouco depois Joseph Lister (1827-1912), com base nas experiências de Semmelweis e nas descobertas de Louis Pasteur (1822-1895) sobre a ação das bactérias, estabelecia os princípios de assepsia na Medicina.

Restou a Semmelweis o reconhecimento póstumo de um caráter indômito, situando-se em gloriosa vanguarda, composta pelos que não se acomodam.

***

Os médicos são valiosos agentes da saúde.

Dada a complexidade da profissão, geralmente preparam-se no Mundo Espiritual para suas funções. Não raro exercitaram a arte de curar em vidas anteriores.

Mas o que distingue o médico realmente eficiente é algo que sobrava em Inácio Felipe Semmelweis: a compaixão.

É ela que move o autêntico guardião da saúde, capaz de se envolver com o processo da cura, dando o melhor de si em favor do paciente.

O médico que se compadece liga-se aos benfeitores espirituais, que o inspiram e ajudam, sustentando a eficiência de seu trabalho.

Podem perder muitas batalhas, impotentes quando a morte vem buscar seus pacientes.

Mas o que realmente importa é a maneira como valorizam a vida, vencendo o grande desafio de sua profissão, mais exatamente de todos os seres humanos – superar a indiferença e o acomodamento.

Quando se estreita o caminho

A ciência poderá ter achado a cura para a maioria dos males, mas não achou ainda remédio para o pior de todos: a apatia dos seres humanos.

Antes de identificar o autor dessa frase bem-humorada, um teste, leitor amigo:

Coloque uma venda grossa nos olhos, impedindo qualquer vislumbre de claridade.

Ponha tampões nos ouvidos, que neutralizem inteiramente as ondas sonoras.

Sele a boca com uma fita crepe.

Experimente ficar assim alguns minutos.

Terá idéia do que é perder o contato com o mundo exterior.

Não obstante, em pensamento transitará por um universo de formas, imagens, sons, pessoas, objetos, formado por suas lembranças.

Imagine, porém, que desde a mais tenra idade, você houvesse perdido a possibilidade de ver, ouvir e falar.

Cego, surdo e mudo!

Além da impossibilidade de contato com o mundo exterior, haveria o caos interior, praticamente vazio de experiências visuais e auditivas.

Uma existência justificadamente apática, instintiva, pior que a de qualquer animal, já que este vê, ouve, comunica-se com seres da mesma espécie.

***

Pois saiba que o autor daquela frase, mais exatamente a autora, viveu esse drama.

Não obstante, por prodígios de que o Espírito humano é capaz, transformou-se em marcante exemplo de que é possível vencer a adversidade, superar a inércia e dar significado e objetivo à existência.

Nossa heroína é Hellen Keller (1880-1968), escritora e conferencista americana.

Isso mesmo! – *escritora e conferencista*, autora de artigos para a imprensa e livros famosos, como *Minha Vida de Mulher*, *A História de Minha Vida* e *Diário de Hellen Keller*.

Cega, surda e muda, em virtude de um mal não bem definido, contraído quando era um nenê, vivia isolada em seu terrível mundo sem som e imagem, tratada como um animalzinho de estimação por adultos compadecidos de sua sorte.

Sua vida começou a mudar aos sete anos.

Graças aos esforços de uma professora contratada para ajudá-la, Anne Sullivan, conseguiu estabelecer contato com o mundo exterior pelo tato. Aprendeu que havia uma conexão entre o que tocava e um símbolo que o representava, a palavra.

Substituiu os ouvidos pelo tato.

Com a mão esquerda tocava o objeto; com a direita encostada nos lábios de Anne *ouvia* e o identificava.

Um novo prodígio logo aconteceu: aprendeu a falar, algo até então considerado impossível a um surdo. Como pronunciar palavras e sons nunca ouvidos? Pois ela conseguiu! E seguiu em frente, com sua vocação para romper fronteiras.

Aprendeu a ler e escrever em Braille. Freqüentou escola para jovens normais e formou-se com distinção.

Escrevia em inglês e francês, mantendo correspondência com pessoas famosas e com deficientes físicos que tinham nela o grande estímulo para enfrentar seus problemas, já que nenhum deles tinha tão graves limitações.

Tornou-se conferencista, percorrendo vários países, num ingente trabalho em favor dos carentes de todos os matizes, particularmente cegos, surdos e mudos, mostrando que é importante seguir adiante, na viagem da existência, mesmo quando se estreitam os caminhos.

Esteve no Brasil em 1953 para conferências e contatos com entidades dedicadas a treinar deficientes físicos.

Numa palestra, no Hospital das Clínicas, em São Paulo, com a presença de médicos e estudantes de medicina, alguém lhe perguntou:

— O que você gostaria mais de ver, se Deus lhe desse visão por cinco minutos?

— As flores, o pôr do sol e o rosto de uma criança.

Emocionante, leitor amigo! Costumamos esquecer essas maravilhas, às voltas com preocupações e interesses que nos fazem perder o melhor da Vida.

Ao retornar aos Estados Unidos, deixou uma mensagem aos brasileiros, onde destaca:

Caros amigos do Brasil, agora que me despeço de vocês, deixem-me pedir-lhes, a todos, homens e mulheres, que tomem parte ativa no programa de assistência de seu país em favor dos cegos e outros grupos desfavorecidos.

Ajudem a estender este glorioso trabalho por toda a América Latina, e quando estiverem cumprindo esse objetivo poderão sentir a alentadora satisfação de estar fazendo aos outros o que gostariam que os outros lhes fizessem; e o Senhor, que zela pelos desfavorecidos, os abençoará.

***

Como ensina a Doutrina Espírita, não há inocentes na Terra.

Vivemos num planeta de provas e expiações, onde o egoísmo, agente das ações humanas, gera intermináveis situações cármicas que nos afligem, no suceder dos dias, dos anos, das existências...

A única distinção que podemos estabelecer diz respeito à natureza de nosso resgate.

Expiação ou prova?

- Expiação: aqueles que enfrentam dificuldades e dores impostas pelas leis divinas, como sentenciados conduzidos compulsoriamente à prisão. Costumam debater-se, enveredando pelos domínios da revolta, da inconformação, da rebeldia...

- Provação: aqueles mais conscientes, que planejaram seu resgate, buscando transformá-lo em experiência edificante para si mesmos e para os outros.

Estes, mesmo submetidos aos piores sofrimentos, mesmo quando o caminho se estreita, seguem em frente, firmes em seus propósitos, resgatando o passado, construindo o futuro de bênçãos com o esforço do Bem, oferecendo gloriosos e edificantes testemunhos.

Hellen Keller foi um deles.

São os outros

Filósofo dos mais festejados no século XX, Jean-Paul Sartre (1905-1980) defendia o *existencialismo ateísta*.

Segundo ele, compete ao Homem decidir seu destino, definindo a respeito de sua vida, interesses, realizações...

Está entregue à própria sorte.

Depende, exclusivamente, de si mesmo.

O filósofo descarta a presença divina, exaltando a deusa liberdade, que deve sobrepor-se a crendices e superstições.

Proclama em *As Moscas:*

Uma vez explodida a liberdade na alma de um homem, contra esse homem nada mais podem os deuses.

***

Que nos compete o governo de nossa vida não padece dúvida.

Somos seres pensantes, conscientes da própria existência e da capacidade de discernir que nos distingue dos macacos, embora muita gente insista em macaquices.

O grande equívoco exprime-se na pretensão de que somos os senhores de nosso destino.

Sem admitir um Criador, um Senhor Supremo que tudo vê, tudo sabe, tudo pode; que nos fez imortais e nos reserva gloriosa destinação, além da humana experiência, há dois problemas:

- Não há estímulo para caminhar.

  Se efêmera é a existência, diluindo-se nossas esperanças no aniquilamento do corpo, por que lutar, sofrer, enfrentar problemas, contrariedades, dissabores? Para que viver? Melhor apressar o fim, convocando a morte pelo correio do suicídio.

• Não há disciplina para a caminhada.
Se estamos entregues à própria sorte, tudo nos é lícito – não há comprometimentos morais. Tenderemos a centralizar nossa existência em torno de interesses pessoais, abstraindo o envolvimento com as carências alheias, sem iniciativas que envolvam o bem-estar do semelhante. Este será sempre um incômodo, um entrave ao exercício da liberdade.

Por isso, proclamava Sartre, naquela que é a sua frase mais célebre, de humor negro:

O inferno são os outros.

***

Curioso como a cultura mal orientada pode levar a intoxicações intelectuais, gerando idéias desastrosas, ainda que, em princípio, não seja essa a intenção do pensador.

Pode até guardar nobres objetivos, como, supõe-se, acontecia com o ilustre filósofo, a quem creditamos legítima preocupação com as mazelas da sociedade humana.

Certamente, vivendo as realidades espirituais, além-túmulo, Sartre estará lamentando que muitas das loucuras e dos desajustes da sociedade ocidental de após guerra aconteceram a partir de suas idéias.

Observe leitor amigo:

Sartre está na contramão do Evangelho.

Tanto o inferno quanto o Céu, na perspectiva evangélica, são estados íntimos, realizações interiores.

Explica Jesus (Lucas, 17:21), referindo-se ao Reino dos Céus:

...o Reino está dentro de vós.

O inferno também, sem dúvida, dependendo de nossas edificações interiores.

Ambos vinculam-se a dois sentimentos:

• Egoísmo – o inferno.

Centralização de nossas iniciativas em torno de nós mesmos, de nossos interesses pessoais, o que nos faz perder a sintonia com as fontes da vida, com a harmonia do Universo.

O próximo será sempre um estorvo, uma ameaça à nossa liberdade.

• Altruísmo – o Céu.

Esforço em favor do bem-estar alheio, uma espécie de estender de mãos, transformadas em antenas para captar as bênçãos de Deus.

E quanto mais nos empenhamos nesse sentido, mais livres nos sentimos, em relação a mazelas e viciações, realizando aquele céu interior, que se expande quando ampliamos o universo de beneficiários do nosso esforço.

Assim, se com o altruísmo nos realizamos como Espíritos imortais, se o próximo é uma *ponte para Deus,* podemos proclamar, tranqüilamente, o inverso do que supunha Sartre com sua vã filosofia:

O Céu são os outros!

O filósofo e o guerreiro

- *Quem peca, contra si peca; quem comete injustiça, a si agrava, porque a si mesmo perverte.*

- *É da perfeição moral usar cada dia como se fosse o último, sem comoções, sem torpores, nem fingimento.*

- *Olha para ti mesmo; é em ti mesmo que se encontra a fonte do bem, uma fonte inextinguível desde que a explores sempre.*

- *O melhor modo de vingar-se de um inimigo é não se assemelhar a ele.*

- *Não vivas como se devesses viver milhares de anos. Pende sobre ti o inevitável. Enquanto vives e tanto quanto possível faze-te homem de bem.*

- *Depois de haveres feito o bem a um homem, que queres ainda? Não te basta haver praticado uma ação conforme a tua índole e queres, além disso, um galardão, como se os olhos tivessem que ser pagos porque enxergam e os pés porque andam?*

- *A discórdia tem três inconvenientes: o tédio, a impaciência e a perda de tempo.*

- *Mais penosas são as conseqüências da ira do que as suas causas.*

Belas orientações, não é mesmo, leitor amigo?
Cada uma delas constitui, por si, todo um roteiro

em favor de uma existência digna e feliz, preparado por um pensador que diríamos ter bebido nas fontes da mais pura sabedoria.

Consta de um livro, *Meditações,* escrito há perto de dezoito séculos.

Seu autor tinha o mais improvável dos cargos para um filósofo: imperador romano!

Isso mesmo! Um *dono do Mundo*, mais poderoso em seu tempo do que o presidente dos Estados Unidos, na atualidade.

Trata-se de César Marco Aurélio Antonino Augusto, ou como seria conhecido pela posteridade, Marco Aurélio (121-180).

Nascido em Roma, filho de abastada família, sua grande vocação era a filosofia. Aos onze anos adotou o manto singelo dos cínicos, passou a alimentar-se frugalmente e a dormir sobre duro catre.

Renunciava ao mundo para dedicar-se à filosofia.

Não tardou muito e viu-se na contingência de renunciar à filosofia para cuidar do mundo, exercitando um poder que não lhe interessava, imposto pelos fados, algo que só o Espiritismo explica.

Há compromissos assumidos pelo Espírito ao reencarnar, cobrados à medida que se desenrola o fio de seu destino.

***

Platão cogitara de um Estado perfeito, governado por um filósofo. Com poderes absolutos e recursos materiais, esse governante poderia realizar tal utopia.

Roma, rica e poderosa, apresentava promissoras perspectivas nesse particular.

Marco Aurélio seria o sonhado governante capaz de exercitar a sabedoria na condução dos negócios, realizando o ideal do filósofo grego.

Nomeado imperador no ano 161, governaria Roma até sua morte. Nesses dezenove anos, segundo muitos historiadores, o grande império viveu sua fase áurea, sob a batuta desse governante que só queria ser filósofo.

Marco Aurélio consolidou a administração centralizada, dando unidade ao Império, e estabeleceu princípios de hierarquia bem definidos. Diríamos que *azeitou* as engrenagens de Roma.

Por outro lado, preocupou-se com uma aplicação mais humanitária das leis.

Diante de uma rebelião vencida, determinou:

Que voltem os banidos às suas casas; que sejam restituídas aos proscritos as suas propriedades. Eu desejaria, apenas, poder chamar de entre os mortos as pobres vítimas que já sofreram essa pena.

Não obstante, esteve longe de realizar a utopia de Platão.

Para sua desdita, foi muito mais um guerreiro, envolvido em intermináveis guerras para reprimir povos bárbaros, que insistiam em invadir as províncias romanas, e as traições que constituíam tradição no comportamento dos prepostos romanos.

Foi vitorioso como comandante das forças armadas, mas acabou em vã filosofia ao envolver-se com atrocidades para defender os interesses de Roma.

Embora pessoalmente afável e justo, iniciou cruel movimento de perseguição aos cristãos, cujos princípios, que enfatizavam a mansuetude, pareciam perigosos para a estabilidade do império. Assim, determinou que fossem crucificados seus líderes.

No entanto, confessava:

Eu, humilde filósofo, sempre acariciei a ambição de nunca fazer mal a ninguém.

***

Marco Aurélio exprimiu de forma dramática esse terrível dualismo que caracteriza o Homem, mesmo missionários em trânsito pela Terra.

Raros conseguem superar as limitações de seu tempo.

Deixam-se envolver pelo mal, embora venham à Terra para as realizações do Bem.

Há sempre sombras nas biografias mais ilustres.

Somente um Espírito irradiou luzes, incessantemente: Jesus, o missionário divino, preposto de Deus, filósofo supremo, sábio dos sábios, que exemplificou a suprema filosofia:

A renúncia de nós mesmos em favor do bem comum, a exprimir-se no empenho de servir.

A encarnação do demo

Em *O Bebê de Rosemeire,* o famoso diretor Roman Polanski aborda o planejamento de um grupo de pessoas para favorecer a encarnação do diabo.

Sabemos que o demo, ser devotado ao mal eterno, em disputa com Deus pelas almas humanas, é mera fantasia teológica.

Ninguém se contrapõe ao Eterno. Situamo-nos todos, Espíritos encarnados e desencarnados, como o relativo diante do Absoluto, a criatura perante o Criador.

Diabo, como ensina a Doutrina Espírita, é todo filho de Deus transviado, comprometido pela rebeldia, a exercitar más ações, a conturbar a Criação. Há sempre gente endiabrada ao nosso redor e, não raro, nós mesmos exercitamos diabruras.

Não obstante, estamos todos sob a regência de leis divinas, que fatalmente nos reconduzem aos roteiros do Bem, sempre que deles nos afastamos, porque essa é a vontade de Deus, que não falha jamais em seus objetivos.

***

Há uma pergunta freqüente em relação ao assunto:

É possível um movimento da espiritualidade inferior, de Espíritos desenvolvidos intelectualmente e subdesenvolvidos moralmente, planejando a reencarnação de um de seus pares, para semear a confusão no Mundo?

Avaliemos, por exemplo, Adolf Hitler (1889-1945).

Sua biografia sugere a encarnação de tenebroso agente do mal.

Dezenas de milhões de pessoas morreram na gigantesca hecatombe que foi a Segunda Guerra Mundial. Dentre elas, seis milhões de judeus, no mais ensandecido e perverso genocídio de todos os tempos.

Quando, em fotos, vemos montanhas de cadáveres das vítimas do nazismo, eliminadas de forma sádica, planejada, sistemática, com o propósito de dizimar toda uma raça, concluímos que isso só pode ser arte do demo encarnado.

Considerada a dinâmica da reencarnação, podemos admitir essa possibilidade. Entidades trevosas elegem um representante que se aproxima de um casal com o qual tenha afinidade. Estabelece-se a sintonia vibratória e, a partir de uma concepção, poderá ser atraído à reencarnação, que ocorre naturalmente.

Seria um *missionário do mal*, assim como os temos do Bem.

Ocorre que se trata de uma experiência complicada. Esse agente das trevas estará sujeito às contingências da reencarnação. Experimentará possíveis limitações físicas e mentais, a partir de suas inferioridades.

Passará pela dependência do período infantil, em estado de dormência, sofrendo influências do meio ambiente. Experimentará as perplexidades do despertar para a Vida, na adolescência.

Por outro lado, as limitações do corpo lhe imporão sofrimentos e dificuldades, que trabalharão suas tendências inferiores.

Seria um investimento complicado, difícil, de resultados problemáticos.

Os Espíritos que desejam semear a confusão no Mundo agem de forma diferente: exploram as fraquezas humanas.

Hitler foi um pintor frustrado.

Não conseguiu ingressar na Academia de Belas-Artes, em Viena. Durante algum tempo ganhou a vida pintando cartões-postais.

Tivessem seus contemporâneos pálida idéia do que ele aprontaria e haveriam de fazer dele o mais vitorioso autor de cartões postais, comprando-lhe toda a produção. Consagrariam o artista medíocre para evitar a consagração do déspota sanguinário e ensandecido.

Quando eclodiu a Primeira Guerra Mundial, Hitler alistou-se para ter um emprego regular. Um homem comum, que em nada se assemelhava a um agente das trevas.

No entanto, deixou-se envolver pela ambição, conquistou o poder, e a partir daí foi facilmente envolvido pelas sombras.

Considere, ainda, amigo leitor, que os desastres provocados pelo nazismo não foram obra de um homem.

Havia toda uma retaguarda de prepostos sintonizados com suas idéias.

Pior: o povo embarcou nessa barca furada.

Hitler, de certa forma, foi apenas a materialização das tendências à belicosidade e pretensões de hegemonia racial do povo alemão.

***

Individual e coletivamente, estamos sujeitos à influência do Mundo Espiritual.
Podemos refletir luzes ou sombras.
Depende do direcionamento de nossa vida.
Como sentimos, como pensamos, como agimos...
Somos, portanto, acima de tudo, agentes de nós mesmos.

Oráculos

A cidade de Delfos, na antiga Grécia, chamada *umbigo do mundo*, era exuberante centro cultural que atingiu seu apogeu nos séculos VII e VI a.C.

Artistas, governantes e militares influentes a visitavam freqüentemente, buscando orientação.

Imagina o leitor, talvez, que contatavam expoentes nos domínios de suas atividades.

Nada disso.

Consultavam o Além.

É isso mesmo! Multidões procuravam os oráculos, locais onde eram cultuados rituais e cerimônias que favoreciam a manifestação dos defuntos, tomados à conta de divindades.

O termo *oráculo* define também a resposta obtida nessas consultas. E, ainda, na acepção mais difundida, significa intermediário ou médium que desvenda o futuro.

O mais famoso estava no templo consagrado ao deus Apolo. Ali atuavam as pitonisas, mulheres que respondiam a perguntas na condição de intermediárias. Hoje diríamos médiuns da divindade grega. Suas afirmações, geralmente na forma de versos de sentido simbólico ou dúbio, eram interpretadas pelos sacerdotes.

Os oráculos espalhavam-se por toda a Grécia, em práticas inusitadas para definir o destino das pessoas.

Alguns adivinhavam interpretando a disposição de entranhas de animais sacrificados; outros faziam a incubação: o consulente dormia no templo e recebia as respostas em sonhos.

Havia os que usavam uma varinha mágica, os que liam as linhas da mão, os que consultavam os astros…

Não há limites para a fantasia, quando nos dispomos a entrar em contato com o *sobrenatural,* sem metodologia, sem discernimento, principalmente quando o charlatanismo corre solto, como costuma acontecer em relação ao assunto.

***

Hoje, como ontem, muita gente quer saber o que lhe reserva o futuro.

– Santo Antônio atenderá meu pedido de casamento?

– Ficarei livre do chefe que me atazana?

– Encontrarei cura para o chulé?

– Acertarei na loteria?

Consultam *especialistas* em leitura das mãos, das cartas, dos búzios, do tarô, da borra de café, do cocô de crianças…

E há os médiuns, dotados de sensibilidade para entrar em contato com os mortos. Dispõem-se a desenovelar a vida dos interessados, resolvendo enigmas, apontando caminhos, antecipando o futuro…

Detalhe não considerado:

Os Espíritos evoluídos, capazes de desvendar nosso destino, cuidam de assuntos mais importantes. Não perdem tempo com nossas cogitações de caráter imediatista.

Por isso, médiuns que se envolvem com essas atividades tornam-se intermediários de *guias* sem a mínima condição para orientar. Agem como palpitciros, *cegos conduzindo cegos*, como diria Jesus.

Às vezes acertam, porque falam de generalidades, como o atirador medíocre que atinge um alvo qualquer fazendo dezenas de disparos.

***

Os *oráculos* nem mesmo são médiuns.
Dotados de alguma sensibilidade, percebem o que vai no íntimo das pessoas.
Por isso, suas informações costumam exprimir o que os consulentes estão pensando ou sentindo, ainda que totalmente equivocados.
Lembro-me de uma senhora que tinha dúvidas quanto à fidelidade de seu marido, imaginando-o envolvido com insinuante moradora de casa ao lado da sua.
Consultou um *médium*.
Este a advertiu, enfático:
– Cuidado com a vizinha!
Informação falsa. O marido lhe era fiel.
O *oráculo* apenas captou suas próprias suspeitas e lhes deu o caráter de uma revelação.

***

Há razões ponderáveis para cultivarmos o intercâmbio com o Além: atestar a realidade da sobrevivência; exercitar a caridade, amparando entidades sofredoras; receber ajuda espiritual, em relação a problemas físicos e psíquicos...

Imperioso, entretanto, que superemos a tendência de *oracularizar* a prática mediúnica, pretendendo decifrar os enigmas de nosso destino.

Nosso futuro não está escrito num livro.

É um livro que estamos escrevendo.

Qualquer revelação a respeito será sempre especulativa.

A única certeza que os Espíritos podem nos oferecer não constitui novidade:

Todos morreremos um dia.

Quanto ao mais, até mesmo o que se relaciona com nossa morte, a idade, o dia e as circunstâncias, dependem de um detalhe fundamental:

O que estamos *escrevendo* no livro de nossa vida.

O cheiro do dinheiro

Tito Flávio Vespasiano (9-79), fundador da dinastia Flávia, foi um dos mais bem-sucedidos imperadores romanos.

Embora tivesse governado por pouco tempo, de 69 a 79, acabou com as guerras civis que assolavam o império e promoveu sua unidade interna, inaugurando um período de grande prosperidade.

Como todos os governantes, tinha fraquezas. Uma delas era o dinheiro. Quanto mais, melhor!

Embora gracejasse com a própria ganância, estava sempre inventando meios de ampliar a arrecadação.

É famoso o episódio em que resolveu cobrar imposto pela utilização dos sanitários públicos.

Seu filho Tito, que mais tarde seria também imperador, o censurou por aquele exagero.

A reação de Vespasiano ficou famosa.

Deu-lhe uma moeda para cheirar, enquanto proclamava:

Pecunia non olet – dinheiro não tem cheiro.

Não havia odores de urina no dinheiro, ainda que viesse dos mictórios.

Para Vespasiano dinheiro era sempre bem-vindo, não importando a procedência.

***

Em princípio, o dinheiro é neutro.

Pode ser bom ou mau – depende do uso.

Com ele compramos remédios para a criança doente, alimento para o faminto, agasalho para quem tem frio...

Também compramos o cigarro que provoca o câncer no pulmão, a arma para o assalto, as drogas que comprometem a existência...

Situando-se como móvel das ações humanas, o dinheiro pode ser fonte de miasmas pestilentos que contaminam a alma.

Alguns exemplos:

• O traficante que sustenta o vício...

• O comerciante que exercita a sonegação...

• O industrial que explora os operários...

• O investidor que especula nas bolsas...

• O assaltante que espalha o terror...

• O estelionatário que ilude pessoas...

• A mulher que vende o próprio corpo...

A lista é interminável.

Mentores espirituais reportam-se a nauseabundos odores, característicos de Espíritos que na Terra estiveram envolvidos com o mal.

A ambição e a usura são exemplares típicos. Exalam maus odores, espiritualmente, os que se comprometem com esses desvios.

Tais contaminações, que se entranham na Alma, exigem lixas grossas, de atribulações e sofrimentos, para serem expurgadas, ao longo de muitas reencarnações.

***

Certamente, leitor amigo, os recursos financeiros de que você dispõe foram adquiridos de forma diferente, esforço árduo e honrado.

É dinheiro limpo, com o qual você atende suas necessidades de subsistência e garante a estabilidade da família e o futuro dos filhos.

Sua alma vem usando o banho lustral da honestidade, do discernimento, sem prejudicar a ninguém. E quando você retornar ao mundo Espiritual, não causará constrangimentos odoríferos aos benfeitores espirituais.

Pode fazer ainda melhor – reverter parte de seus rendimentos em favor dos sofredores e aflitos de todos os matizes.

Costuma-se dizer que *quem dá aos pobres, empresta a Deus.*

É uma operação *sui generis*, porquanto o Senhor nos ressarce de imediato, com bênçãos de conforto, alegria e bem-estar.

De quebra, deliciamo-nos com a incomparável fragrância que se expande quando abrimos esse maravilhoso frasco, que contém o abençoado *perfume da caridade!*

Nephelokikkygia

Aristófanes (450-388 a.C.) foi um dos maiores autores teatrais da antiga Grécia.

Fortemente satírico, criticava a sociedade e a política de seu tempo. Suas comédias oferecem uma visão cheia de ironia sobre o cotidiano dos gregos.

Consta que escreveu quarenta peças. Chegaram onze ao nosso tempo, com destaque para *Os pássaros,* sua obra-prima.

Aristófanes reporta-se a dois idosos atenienses, Pistêteros e Euelpides que, decepcionados com a sociedade de seu tempo, decidem viver com os pássaros.

Fundam uma cidade entre o Céu e a Terra.

Pistêteros sugere um nome impronunciável, que lhe parece adequado:

Nephelokikkygia.

Equivale a *castelo nas nuvens.*

Instalados no suposto paraíso, ambos verificam, em breve, que as coisas não estão dando muito certo, porquanto enfrentam os mesmos problemas dos quais procuravam fugir.

Pessoas os procuram para tirar vantagens.

A ambição envolve os habitantes da cidade. Pretendem vencer os deuses e dominar o Mundo com a ajuda dos pássaros que por lá moram

A peça satiriza os utopistas, cheios de idéias a respeito de uma sociedade perfeita, para Aristófanes irrealizável, face às fragilidades humanas.

É a partir de *Os Pássaros* que se cunhou a expressão *construir castelos nas nuvens.*

Ela define os sonhos vãos, as pretensões irrealizáveis, distantes da realidade.

***

Retornando ao Além, Aristófanes há de ter mudado seus conceitos, reconhecendo que é possível construir uma *Nephelokikkygia* capaz de atender às aspirações humanas.

Similares já existem no mundo espiritual, cidades que poderíamos, poeticamente, dizer que estão entre as nuvens, numa outra dimensão.

O exemplo mais notável é Nosso Lar, a famosa cidade espiritual descrita por André Luiz, psicografia de Francisco Cândido Xavier, em obra homônima.

Foi fundada por emigrantes portugueses, no século XVI, em meio às zonas umbralinas, nas proximidades da Terra.

Com ingentes esforços, enfrentando uma paisagem desoladora, habitada por Espíritos em desajuste, lograram concretizar suas aspirações.

Estabeleceram, desde logo, toda uma regulamentação, um código de ética para seus moradores. Futuros habitantes somente conquistariam a cidadania em Nosso Lar a partir do cumprimento de determinadas normas.

André Luiz destaca que ele próprio passou por essa experiência e festivamente foi promovido a cidadão de Nosso Lar, a partir do momento em que, visitando a família, na Terra, viu-se numa situação delicada, chamado ao exercício da fraternidade autêntica, renunciando aos seus interesses pessoais.

***

Nosso Lar realiza a utopia da cidade ideal, habitada por gente ajustada e feliz, em plena harmonia com a Vida.

É o maravilhoso modelo, que antecipa a sociedade cristianizada que se instalará na Terra, quando o Homem compenetrar-se de que seus problemas são gerados pelo egoísmo, entranhado no comportamento humano.

Ele nos ajudou nos estágios primários de evolução, mas nos atrapalha hoje. Devemos deixá-lo, como a um barco que serviu para atravessar um rio, mas que atrasará o viajante se ele decidir carregá-lo nas costas ao transitar pela planície.

Vencendo o egoísmo, haveremos de edificar nossa *Nephelokikkygia,* não um mero castelo nas nuvens, mas uma realização gloriosa, nos domínios da fraternidade.

O tropeço do santo

Adolescente, tive grande trabalho para confirmar citação de um trecho de *Suma Teológica*, a monumental obra de São Tomás de Aquino (1225-1274), o grande pensador católico, que se empenhou em conciliar o pensamento racional com a fé, tentando estabelecer uma ponte entre o Cristianismo e o Aristotelismo.

Não padece dúvida de que foi um Espírito valoroso, com a missão de arejar o pensamento teológico de sua época. Há detalhes em sua biografia que bem exprimem essa condição.

Dotado de vocação religiosa desde a mocidade, inutilmente seu pai, o conde Aquino, pretendeu que o jovem Tomás fosse militar.

Ante a firmeza do filho, resolveu deixar que seguisse a vida religiosa, mas deveria empenhar-se em tornar-se doutor em teologia e aspirar ao bispado.

– Não, pai, desejo ser frade.
– Um frade esfarrapado?!
– Sim.
– E desistir de sua carreira? E andar esfaimado a esmolar? Filho meu? Impossível!
– Francisco de Assis...
– Era um louco!
– Era um santo.

O pai fez de tudo, até o mandou prender, para demovê-lo. Tomás acabou fugindo, buscando seu destino.

Partindo para Colônia, foi discípulo e amigo de Alberto Magno (1206-1280), bispo dominicano de grande cultura, que fez sua iniciação nos domínios da filosofia.

Conta-se que Tomás era introvertido, pouco falava. Certa feita, um colega de espírito galhofeiro olhou pela janela durante um intervalo das aulas e proclamou:

– Vejam! Há um touro voando!

Tomás foi olhar e ouviu um coro de gargalhadas zombeteiras. Riam de sua ingenuidade.

Ele, muito sério, encarou os colegas e explicou:

– Não sou nenhum tolo, a imaginar que um boi possa voar. Porém, não pude acreditar que um homem de Deus se rebaixasse a dizer uma mentira.

***

Tomás de Aquino foi um religioso empenhado em dar consistência filosófica aos dogmas católicos.

Inspirando-se principalmente em Aristóteles, desenvolveu a *Suma Teológica,* em que buscava abordar racionalmente a questão da existência de Deus.

A partir daí estudou as implicações da Presença Divina no cotidiano, abordando temas que interessam à felicidade do ser humano, como o problema do mal, a bondade de Deus, as paixões, o amor, o ódio, o desejo, o sofrimento, a cólera, a guerra, a paz, o homicídio, o roubo, a mentira, a esperança, o desespero, a coragem, a covardia. Resumiu, em conclusão, os caminhos a serem trilhados por aqueles que querem encontrar o Reino dos Céus.

***

Não foi fácil encontrar um exemplar da obra maior do grande pensador, distribuída em vários volumes. Finalmente consegui, e ali estava, com todas as letras, a confirmação da informação que me surpreendera.

Segundo Tomás de Aquino, Deus permite que as almas eleitas, no paraíso, tenham uma visão das almas condenadas, no inferno, para que regozijem pelo fato de lá não estarem.

Semelhante concepção consagra algo inconcebível – o egoísmo no Céu!

Jesus sempre ressaltou a importância de pensarmos no próximo primeiro, destacando que o caminho para as bem-aventuranças celestes passa pelo empenho de servir.

Sob a ótica evangélica, a felicidade dos virtuosos será sempre socorrer a infelicidade dos pecadores, trabalhando por sua redenção.

***

Há em relação ao assunto o velho problema das limitações humanas, a dificuldade dos missionários em superar as tendências de seu tempo.

Caminhando com segurança pelos domínios da filosofia, que procurava conciliar com os princípios cristãos, Tomás de Aquino tropeçou na fantasiosa concepção de que vivam no Céu almas capazes de se deleitar com as misérias irremissíveis de gente esquecida no inferno.

A caixa preta

Uma casa de três pavimentos: porão, térreo e andar superior.

Pelo térreo transita gente que vem do primeiro andar ou para lá se dirige.

No porão permanecem pessoas presas, incomunicáveis, sem contato com os outros pavimentos.

Essa imagem simples sintetiza as teorias de Sigmund Freud (1856-1939), célebre médico austríaco, criador da Psicanálise.

No térreo está a consciência.

No primeiro andar, o subconsciente, onde estão registradas informações de fácil acesso. Se perguntarem minha idade, o número de meu telefone ou meu endereço, essas informações logo irão aflorar, descendo ao térreo.

No porão, o inconsciente, onde incontáveis informações permanecem aprisionadas e incomunicáveis. É necessária uma metodologia especial para ter acesso a elas.

Segundo Freud, nessa *caixa preta,* o inconsciente, estão gravadas, indelevelmente, nossas experiências pretéritas, desde a mais tenra infância.

Nela está a origem da maior parte dos males que nos afligem, a partir de influências ambientes, acidentes, acontecimentos desagradáveis, maus tratos, comportamento comprometedor, vícios e paixões do pretérito, que pressionam o nosso psiquismo, refletindo-se em nossa economia física e psíquica.

Obviamente, a Psicanálise é bem mais do que essa simplificação, mas, em linhas gerais a *caixa preta* é a base de todo o edifício freudiano.

No propósito de encontrar um acesso para o inconsciente, ele desenvolveu experiências como a hipnose, a associação de idéias, os sonhos...

Vale destacar que no sonho, segundo Freud, estaria a estrada para o inconsciente. As imagens oníricas seriam fantasias representando desejos ou sentimentos recalcados.

Por trás delas, a realidade. Daí a necessidade de interpretar os sonhos. Freud chegou a escrever um livro para orientar seus discípulos nesse propósito.

O problema é que os sonhos, ainda que exprimam algo do inconsciente, sempre são formados a partir da maneira de ser, da cultura, do conhecimento e das experiências de cada paciente, o que torna impraticáveis as generalizações.

Cinco pacientes sonham com um boi.

O primeiro assistiu a um filme sobre touradas.

O segundo está com vontade de comer um bom bife.

O terceiro levou uma chifrada na infância.

O quarto acabou de comprar um sapato de couro.

O quinto suspeita que a mulher o esteja traindo...

***

Em suas tentativas de desvendar os segredos da *caixa preta,* há intermináveis diálogos com o paciente, em sessões que se prolongam indefinidamente, com ótimos resultados... para as finanças do psicanalista.

É clássica, bem representativa, a visão do paciente deitado confortavelmente num divã, a falar longamente de sua vida pregressa, particularmente da infância e da adolescência. O médico, à maneira de perspicaz detetive, procura descobrir, em acontecimentos do passado, as origens dos males do paciente, o que seria a chave mágica da cura.

Descoberta a causa, o mal tenderia a desaparecer.

A experiência demonstra que não é bem assim. Os resultados da terapia dependem muito mais da capacidade do médico em produzir reações favoráveis no paciente, convencendo-o de que seus males tiveram origem em traumas da infância e da adolescência, acidentes psicológicos, recalques infantis, frustrações da libido, e outras sutilezas acadêmicas, ensaiando conclusões que raramente correspondem à realidade.

***

À luz da Doutrina Espírita, podemos dizer que o edifício de três pavimentos de Freud está correto.

Não obstante, faltou-lhe o fundamental: o conhecimento da reencarnação, com dois princípios básicos que devem estar presentes no tratamento do psiquismo humano:

- Grande parte de nossos males tem origem em acontecimentos de vidas anteriores.

- Nossos problemas resultam de nossa maneira de ser, de nossa personalidade, moldada a partir de experiências do pretérito.

Forçoso reconhecer, todavia, que se Freud adotasse a reencarnação a Psicanálise não teria se firmado, porquanto a comunidade médica não estava preparada para encarar o princípio das vidas sucessivas.

Diríamos que ainda não está, mas há grandes progressos, a partir da TVP, a Terapia das Vivências Passadas, adotada por um número crescente de profissionais de saúde que vêem ampliadas as possibilidades de beneficiar seus pacientes, ajudando-os a abrir a *caixa preta*.

E acabam desvendando algo de seus traumas e condicionamentos do pretérito, oferecendo-lhes subsídios do passado para que possam superar os males do presente.

Também o Espírito

O aparecimento do Homem foi a culminância de um processo evolutivo.

Começou com organismos primitivos a se desenvolverem em complexidade, gerando incontáveis espécies, até atingirem a sofisticação necessária para que, no ápice desse processo, um descendente dos símios antropóides fosse dotado do pensamento contínuo e da capacidade de decidir seu próprio destino.

Essa concepção é conhecida e aceita hoje por qualquer estudante de segundo grau.

No século XIX foi uma bomba.

Seu autor: Charles Darwin (1809-1882). Homem religioso e simples, guardou por muitos anos os resultados de suas pesquisas, porquanto temia os efeitos sobre a mentalidade de seu tempo, que admitia o Criacionismo, a idéia de que tudo aconteceu como está na *Bíblia*, consagrando a existência de Adão e Eva.

Dizem as más línguas que Eva veio por último porque Deus não queria palpites.

Fofocas à parte, Darwin publicou, em 1859, *A Origem das Espécies,* em que expunha suas concepções, despertando, desde logo, reações exacerbadas.

Os cientistas o consideraram um maluco.

Os religiosos, um ateu impenitente, que negava a existência de Deus e pretendia que o homem fosse descendente dos macacos.

São famosas as charges da época exibindo Darwin com a aparência e o rabo de um símio, a explicar sua teoria.

Darwin era avesso às polêmicas. Quem se envolveu com elas foi Thomas Henry Huxley (1825-1895), cientista e naturalista inglês, que popularizou a teoria a partir de um célebre debate na Universidade de Oxford, com o bispo Samuel Wilberforce (1805-1875), sobre o tema *Darwinismo e Sociedade,* diante de um público estimado em perto de mil pessoas.

Em dado momento, o bispo perguntou ao contendor se teria sido através da sua avó ou do seu avô que ele descendia de um macaco.

A resposta de Huxley foi ovacionada pelo público:

Se a questão é se eu preferiria ter um macaco como avô ou um homem altamente favorecido pela Natureza, que possui grande capacidade de influência, mas mesmo assim emprega essa capacidade e influência para o mero propósito de introduzir o ridículo em uma discussão científica séria, eu não hesitaria em afirmar a preferência pelo macaco.

***

O tempo demonstraria que a teoria de Darwin não era mera fantasia de uma mente inquieta.

Extremamente consistente, lógica, racional, logo conquistou os cientistas, à medida que se acumularam evidências.

Prodígio maior – convenceu os religiosos não comprometidos com o fanatismo.

Como Darwin procurava destacar, não houve nenhuma pretensão em destruir a idéia de Deus. Apenas a demonstração de que o Criador age de forma diferente daquela sugerida pela fantasia bíblica.

Face às loucuras humanas, o que podemos questionar é se não teria sido melhor Deus ter dado inteligência aos macacos e deixar o homem balançando nas árvores.

***

Sob o ponto de vista espírita há alguns reparos às teorias de Darwin.

Muito mais que simples resultado da luta pela vida, com a sobrevivência dos mais fortes, ou de meras mutações determinadas por influências ambientes, a evolução é fruto de planejamento.

Há técnicos espirituais, engenheiros siderais, prepostos divinos, que controlam todos os eventos biológicos do planeta, promovendo mutações no princípio espiritual que anima os seres vivos, para, a partir daí, produzir a evolução, atendendo aos programas de Deus.

Outro detalhe importante.

Darwin foi contemporâneo de Allan Kardec.

O Livro dos Espíritos, publicado em 1857, antecedeu em dois anos *A Evolução das Espécies.* Nele Kardec propõe um princípio ainda mais revolucionário: não apenas os seres vivos, mas também o princípio espiritual que os anima é passível de evolução.

Todo ser vivo possui esse princípio, diríamos um Espírito em formação, que um dia desenvolverá a complexidade necessária para tornar-se um ser pensante.

É fácil entender isso.

Se Deus levou bilhões de anos para criar, na oficina da Natureza, a roupagem de carne que usamos, por que o Espírito, infinitamente mais complexo, deveria ser criado em simples passe de mágica?

Se aceitarmos Darwin e também a imortalidade, impõe o bom senso que admitamos Kardec.

Essa evolução *corpo/espírito* desdobra-se ao longo dos milênios, aprimorando a máquina física, quanto à morfologia e a fisiologia, na proporção em que cresce o Espírito em inteligência e discernimento.

Assim, não há privilégios na obra da Criação. Desde as formas primárias de vida às mais altas expressões de espiritualidade, estamos todos a caminho de gloriosa destinação.

Idéia equivocada

Posse coletiva dos meios de produção.

Supressão da propriedade privada.

Fim do Estado como instrumento de dominação de uma classe.

Distribuição eqüitativa dos bens de consumo à população.

Esses princípios poderiam ser assinados por qualquer idealista e não ficariam mal num caderno de intenções pela realização do Reino de Deus na Terra, conforme anunciara Jesus.

São de Karl Marx (1818-1883), ideólogo do comunismo, que conseguiu o prodígio de envolver metade da população mundial com suas idéias.

Começou com o famoso *Manifesto Comunista*, publicado em 1848, assinado por ele e Engels (1820-1895), seu parceiro de idéias.

No capítulo quarto, a famosa convocação:

Proletários de todo o mundo, uni-vos.

Não obstante, há graves problemas nesse movimento, a começar pela indébita vinculação do comunismo ao materialismo.

Nos países em que se instalou, Deus foi abolido.

As igrejas foram fechadas.

Os religiosos, sistematicamente perseguidos.

Parte sempre de uma ditadura, que impõe o mais execrável de todos os *ismos* – o totalitarismo, em que o poder dominante dita as regras e não permite contestações.

Curiosamente, um regime que pretende melhorar as condições de vida da população começa por suprimir o que deve ser inalienável na existência humana, como exalta o artigo terceiro, da Declaração Universal dos Direitos do Homem, da ONU:

Todo homem tem direito à vida, à liberdade e à segurança pessoal.

Particularmente na China e na antiga União Soviética, milhões de dissidentes foram sumariamente eliminados, banidos ou condenados à prisão.

Ressalte-se a fantasia de suprimir as diferenças sociais eliminando os direitos à propriedade, impondo um nivelamento por baixo.

Longe de estabelecer um clima de igualdade, o totalitarismo comunista apenas operou a substituição dos burgueses ricos pelos privilegiados funcionários burocratas, a desfrutarem as benesses do Estado.

Por outro lado, o regime estimula o acomodamento por não valorizar a iniciativa individual. Nas fazendas coletivas estatais, o trabalhador que produzisse cem sacas de arroz ficaria com uma para atender às suas necessidades. Se produzisse dez, continuaria a receber uma. Então, para que o esforço? Por que pensar em produtividade? Daí o fracasso dessas comunas e de todo o regime que, literalmente, está em extinção.

Esse clima de *fim de festa* está bem caracterizado numa anedota que circula pela internet:

Marx visitou a Rússia com a intenção de falar num programa de rádio. O presidente soviético em exercício era Leonid Brezhnev (1906-1982).

Não leve em consideração, leitor amigo, o fato de não serem contemporâneos, licença concedida pela fantasia.

Sabendo de seu desejo, disse-lhe Brezhnev:

– Mesmo sendo o senhor o ideólogo do comunismo, não posso decidir essa importante questão sozinho. Aqui temos uma administração coletiva.

– Eu só quero dizer uma frase...

– Bem, se é só isso, a autorização está concedida.

Marx aproximou-se do microfone e falou, solene:

– Proletários de todo o Mundo, desculpem-me!

***

Essa intenção de estabelecer-se uma plena igualdade social, sem privilégios e sem distorções, só funcionará quando ocorrer espontaneamente, a partir da consciência individual, não da imposição estatal.

Num estágio superior da Humanidade, em plena vigência da lei do amor, preconizada por Jesus, as pessoas se disporão ao exercício pleno da solidariedade.

Então teremos a sociedade ideal, justa, eqüitativa, sem a situação lamentável dos que têm muito mais do que necessitam, em detrimento dos que não têm nada.

Restará apenas uma desigualdade, como destaca a questão 806-a, de *O Livro dos Espíritos* – a do merecimento, premiando aqueles que mais estejam dispostos a trabalhar pelo bem-estar coletivo.

Jesus já ensinava assim (Mateus, 23:11):

O maior dentre vós seja vosso servo.

Completando a missão

— Devo ter atirado pedras na cruz! — suspirava um amigo, reclamando da vida.

Embora remotíssima essa possibilidade, não há dúvida de que há, em suas atribulações, algo relacionado com compromissos de resgate. É o empenho compulsório por consertar estragos em sua biografia espiritual.

Uma família complicada...
Uma limitação física...
Uma doença grave...
Uma dificuldade financeira...
Uma situação problemática...

Tudo isso, quando não resultante das imprudências do presente, tem sua origem nos comprometimentos do pretérito. É a cobrança das dívidas que contraímos nos Bancos da Vida, em saques desatinados de vícios e inconseqüências.

Não é difícil chegar a essa conclusão, tão bem explicitada pela Doutrina Espírita, à luz da Reencarnação e da Lei de Causa e Efeito.

***

Obviamente, nem tudo é resgate.

À medida que o Espírito evolui e toma consciência das metas que lhe compete alcançar, prevalecem, em seus mergulhos na carne, as iniciativas no Bem e na Verdade, em aprimoramento incessante.

Integra-se nas harmonias do Universo, não mais por mero estímulo da Dor; muito mais sob inspiração do Amor, a lei suprema.

Nesse empenho, nem sempre determinadas realizações concretizam-se numa única existência, mesmo porque pedem o concurso do tempo, no desdobrar dos séculos, para que sejam aceitas e assimiladas pela Humanidade.

Faço essas digressões a partir de uma leitura sobre Samuel Hahnemann (1755-1843), que instituiu a ciência homeopática.

Similia similibus curantur (os semelhantes são curados pelos semelhantes), este o seu princípio básico.

Hahnemann formulou esse axioma ao perceber que as doenças podem ser tratadas com substâncias minerais, vegetais ou animais que provocam sintomas semelhantes, quando aplicadas em pessoas saudáveis.

No desdobramento de seus estudos, concluiu que a substância selecionada deveria ser ingerida em quantidades mínimas, diluídas e dinamizadas pela trituração e a agitação. E quanto mais numerosas as diluições, efetuadas sucessivamente, acompanhadas de dinamizações, mais profunda a ação medicamentosa.

Em altas dinamizações nada restaria da substância original.

Por isso há quem imagine a homeopatia como uma *agüinha*, mero placebo. Os efeitos dependem da convicção do paciente, a admitir sua eficácia.

Um médico amigo, cético, caçoava:

– A homeopatia funciona sim, mas é preciso muita fé! Aquela de transportar montanhas!

Mas não sabia explicar por que a homeopatia beneficia animais e é hoje usada por muitos veterinários.

Modernos métodos de pesquisa, com aparelhos altamente sofisticados, demonstram que mesmo nas diluições mais altas permanecem traços da substância original na estrutura molecular do medicamento.

E o mais importante: de acordo com os princípios espíritas, concebe-se que as dinamizações liberam um componente energético que atua diretamente no perispírito. Daí a ação eficiente da homeopatia em problemas crônicos, cuja origem está em desajustes do corpo espiritual.

Na atualidade, a par das idéias espíritas, os princípios da homeopatia difundem-se rapidamente. A cada dia, mais médicos superam a acanhada idéia de que se trata de uma *aguinha,* para reconhecer na homeopatia um poderoso instrumento de cura.

***

Antes de Hahnemann, um outro médico concebeu, em embrião, os mesmos princípios: Philippus Aureolus

Theophrastus Bombast Von Hohenheim, ou, como seria conhecido, Paracelso (1493-1541).

Paracelso era partidário do *vitalismo*. Os fenômenos vitais estariam subordinados à ação de uma força situada fora do organismo.

Olha aí, leitor amigo, o perispírito, a forma e a sustentação da forma física!

As substâncias medicamentosas deveriam ser eterizadas, buscando-se a *alma* do medicamento, para atingir esse organismo extracorpóreo, onde estariam as causas dos males do paciente.

Paracelso não teve tempo para avançar em suas teorias, nem havia campo para elas. Enfrentou forte oposição, porquanto era contrário ao receituário indiscriminado, que fazia a riqueza dos boticários, tanto quanto faz a riqueza, hoje, dos laboratórios.

***

Analisando a biografia desses dois nomes respeitáveis da Medicina, à luz da reencarnação, e com base em informações da espiritualidade, podemos dizer que estamos diante do mesmo Espírito.

Paracelso voltou como Hahnemann.

Veio completar o seu trabalho, em época mais receptiva à expansão de suas idéias, embora enfrentando, ainda, forte oposição.

Após fixar as bases da homeopatia, Hahnemann daria outra contribuição marcante, a partir da espiritualidade, participando da codificação da Doutrina Espírita.

Em *Obras Póstumas* há a transcrição de duas consultas feitas por Kardec a Hahnemann a respeito de questões doutrinárias.

Em *O Evangelho segundo o Espiritismo* há belíssima mensagem do médico alemão, alertando quanto à falsa idéia de que o temperamento é algo imutável, o que justificaria todos os erros e vícios e situaria por inútil qualquer esforço em favor de nossa renovação.

Fácil perceber por que o grande benfeitor colaborou com Kardec.

Estava ciente do elementar:

Assim como é possível curar o corpo medicando o perispírito com a homeopatia, é possível mudar o Espírito educando o Homem com a Doutrina Espírita.

Desvios na periferia

Os grandes movimentos da Espiritualidade em favor do progresso humano são disparados a partir de missionários com um perfil tão próximo quanto possível do ideal.

Não obstante, atraem lideranças que se situam *fora dos trilhos*, literalmente *botando os pés pelas mãos*. Podem até guardar boas intenções, mas sua contribuição, geralmente, está longe do ideal.

Embora cultos e inteligentes, imprimem às suas iniciativas algo das próprias fragilidades e muito das tendências de sua época, entrando por desvios lamentáveis.

Tal é a condição do teólogo francês João Calvino (1509-1564), que desenvolveu seu trabalho ligado às igrejas reformadas, a partir de Martim Lutero (1483-1546), de quem foi contemporâneo.

Filho de prestigioso secretário episcopal, Calvino freqüentou os melhores colégios de Paris. Bem jovem, aos 23 anos, ganhou notoriedade organizando a publicação de um tratado de Sêneca (4 a.C.-65) sobre a clemência.

Convertido ao Protestantismo, empenhou-se em sintetizar os princípios da doutrina nascente, naquela que seria sua obra fundamental, publicada em 1535, aos 26 anos: *Instituição da Religião Cristã*.

Tornou-se um dos principais teólogos protestantes, desenvolvendo suas próprias idéias, o que é uma das características da Reforma que, liberando a interpretação da Bíblia, favoreceu uma multiplicidade de doutrinas, meio à moda da casa, segundo o ponto de vista de cada intérprete.

Calvino foi exemplo típico. Afastou-se de Lutero, a ponto de dizer-se, a seu respeito, que realizou uma segunda Reforma.

***

Ele andou pelo desvio em duas atividades que marcaram sua atuação: a teologia e a política.

Como teólogo, centrou sua doutrina na soberania exclusiva de Deus, sem chance para o livre-arbítrio humano. Segundo seu tortuoso raciocínio, os eleitos do Senhor estão predestinados à salvação, antes mesmo de se levar em conta seus méritos futuros.

Não são salvos por praticarem o Bem.

Praticam o Bem por estarem salvos.

Quanto aos demais, só alcançam a salvação se estiverem dispostos a aceitar o Cristo. Como multidões passam pela Terra sem ter sequer conhecimento sobre a existência de Jesus, presume-se que, assim como há os predestinados à salvação, há também os predestinados à perdição.

Não é uma idéia nova. Paulo cometeu esse engano, o mesmo acontecendo com Lutero. Calvino, entretanto, a levou às últimas conseqüências, sugerindo que as almas destinadas à perdição o seriam com o consentimento e a vontade de Deus, já que se o Eterno o desejasse ninguém jamais se transviaria.

As idéias de Calvino foram aplicadas à economia. Se há predestinação em tudo, justifica-se que a burguesia enriqueça cada vez mais, atendendo aos celestes desígnios.

Max Weber (1864-1920), sociólogo alemão, via nisso uma das justificativas para o capitalismo. O Senhor determina que alguns sejam ricos.

A dificuldade está em explicar por que haveria de querer o Senhor que a maioria seja pobre e que muitos sejam miseráveis.

Justifica-se, nessa mesma tortuosidade, que igrejas atuem na base de *pequenas empresas, grandes negócios,* cobrando os fiéis pelos favores divinos, porque *Deus assim o quer.*

***

Desastrosa, sob o ponto de vista cristão, a atuação de Calvino no campo político.

Chamado a governar a cidade de Genebra, criou uma teocracia, estabelecendo a supremacia do poder religioso sobre o civil, levando às últimas conseqüências a idéia de que Deus quer a morte do pecador. Leia-se aqui *contestador.*

Em quatro anos de administração ordenou a execução de cinqüenta e oito pessoas!

Dentre suas vítimas estava Miguel Servet (1511-1553), brilhante teólogo espanhol, que também pontificou como médico. Descobriu a circulação sanguínea pulmonar e o papel exercido pela respiração na transformação do sangue venoso em arterial. Definiu a ação das válvulas do coração nos movimentos de diástole e sístole.

Em virtude de determinadas idéias que defendia, relacionadas com a interpretação dos textos bíblicos, Servet foi considerado herege por um tribunal inquisitorial, em Lyon. Preso em Genebra, Calvino o remeteu para a fogueira.

Um benfeitor da Humanidade queimado em nome de Deus, predestinado àquela morte horrível, segundo as ambigüidades do pensamento calvinista.

***

Freqüentemente Calvino usou o poder civil para disseminar suas idéias e suas igrejas. Ensinava que se o príncipe criasse problemas, perdia automaticamente seus direitos e era lícito fazer-lhe oposição, até mesmo pelas armas.

Pode-se imaginar a confusão. O calvinismo esteve freqüentemente envolvido em guerras religiosas, justificadas pela fé, cumprindo a *vontade do Senhor.*

Na França, os huguenotes, como eram conhecidos os calvinistas, envolveram-se em guerras religiosas que culminaram com a trágica *Noite de São Bartolomeu* (24-8-1572), quando morreram milhares deles.

Morreram por querelas, em nome de Deus!

Imagino a decepção de líderes como Calvino, ao retornarem ao plano espiritual, esperando por brilhantes posições, supondo-se representantes do Cristo.

Em amargos sofrimentos, constatam que, longe de colaborarem com Jesus, comprometem o Cristianismo com idéias pessoais, que podem até favorecer sua expansão, mas decididamente situam-se em lamentáveis desvios, na periferia da vivência cristã.

A casca grossa

Aquele que não pode cumprir os deveres de pai não tem o direito de sê-lo. Não há pobreza, nem trabalhos, nem respeito humano, que o dispensem de alimentar seus filhos e de educá-los ele mesmo.

Qualquer pessoa, com uma dose mínima de bom senso, subscreveria a idéia acima. Indiscutível a responsabilidade dos pais no cuidado dos filhos.

Não obstante, o autor dessa frase nunca experimentou a preocupação de constituir um lar, nem assumiu responsabilidades relacionadas com a paternidade.

Relacionou-se durante muitos anos com uma criada, que lhe deu cinco filhos. Surpreendentemente, ele os encaminhava a um orfanato, conforme nasciam, sob alegação de que não tinha condições para cuidar deles. Certamente não cogitava das frustrações da mãe, já que em sua opinião a vocação natural da mulher era servir o homem.

Diz o mesmo autor:

A rigidez dos deveres relativos aos dois sexos não é nem pode ser a mesma. Quando a mulher se queixa a respeito da injusta desigualdade que o homem impõe, não tem razão; essa desigualdade não é uma instituição humana ou, pelo menos, obra do preconceito, e sim da razão; cabe a quem a natureza encarregou do cuidado com os filhos a responsabilidade disso perante o outro.

Tal disposição não seria indesejável, do ponto de vista machista, mas certamente uma péssima idéia para as feministas militantes.

Estou falando de um dos grandes vultos da literatura francesa, Jean-Jacques Rousseau (1712-1778), que exerceu enorme influência em vários setores da cultura no seu tempo, e exerce ainda hoje.

***

O pensador francês foi uma usina de idéias, destacando-se como um dos precursores da revolução francesa.

Em *Contrato Social* defende o Estado ideal, capaz de garantir os direitos de todos os cidadãos, a partir de um consenso populacional.

Sugere, textualmente:

A alienação total (dos bens) de cada associado e de todos os seus direitos, em favor da comunidade como um todo.

Bela proposta, precursora do comunismo. Não obstante, uma utopia.

Sua concretização demandaria a erradicação de um mal entranhado em nosso Mundo, resistente como erva daninha – o egoísmo.

Em *O Emílio*, imagina a educação de um jovem, voltada para a Natureza, com menos racionalização e conceitos professorais, evitando impor condicionamentos ao aprendiz. É nesse livro que faz a observação com a qual abrimos estes comentários, contraditada por seu comportamento.

Rousseau avançaria em outros setores, com destaque para a atividade religiosa.

Para ele a verdadeira religião está no amor ao belo e ao Bem. Idealizava um Cristianismo simples e natural, depurado de dogmas e exterioridades.

***

Curioso esse descompasso entre teoria e prática, que marca muitos pensadores, mesmo aqueles que se destacam pela sua contribuição em favor do progresso humano, como Rousseau.

É bem o *faça o que eu falo, não o que eu faço.*

O apóstolo Paulo tem uma observação genial a respeito (Romanos, 7:19):

Pois não faço o bem que quero, mas o mal que não quero, esse faço.

Uma idéia marcante no pensamento de Rousseau exprime essa contradição, justificando, aparentemente, seu próprio comportamento.

Afirma ele:

O homem nasce bom; é a sociedade que o corrompe.

Embora desejando o Bem, acaba seguindo os caminhos que o meio social lhe impõe.

Sabemos, à luz da Doutrina Espírita, que não é assim.

Bons todos o somos, como sugere Rousseau, mas em potencialidade.

Somos filhos de Deus, criados à sua imagem e semelhança.

Portanto, a bondade é algo inerente à nossa filiação divina.

Programados para a bondade, somente ela nos faz felizes e ajustados.

Dirá você, leitor amigo, que alguns devem ter nascido com defeito de fabricação, já que o mal prevalece em seu comportamento.

Ocorre que, embrionária em nós, a bondade está revestida pela casca grossa de nossas imperfeições.

O somatório desse revestimento grosseiro sustenta a selva sombria das misérias humanas.

Não obstante, há indivíduos que conservam suas virtudes, mesmo quando pressionados pelo ambiente.

Neles o Bem já não é embrionário, entranhando-se em sua personalidade e refletindo-se em seu comportamento, mesmo em circunstâncias adversas, mesmo enfrentando situações condicionantes.

***

Espíritos como Rousseau trazem contribuições marcantes, revelando atilada inteligência e apreciável percepção.

Não obstante, longe da perfeição, cometem autênticas derrapadas nos caminhos a que se propõem, comprometendo-se em desvios lamentáveis, de que fatalmente se arrependerão.

Esses percalços são superados à medida que o Espírito evolui, desbastando a *casca grossa*.

Inelutavelmente, a bondade, inerente à nossa condição de filhos de Deus, acabará por prevalecer, mesmo sob influências negativas que ainda caracterizam a sociedade humana.

Marcas luminosas

Não sabes, criança? Estou louco de amores...
Prendi meus afetos, formosa Pepita.
Mas onde? No templo, no espaço, nas névoas?!
Não rias, prendi-me
Num laço de fita.

Este o início de um dos poemas românticos mais famosos da língua portuguesa. Bem-humorado, alegre, envolvente, o poeta declara-se irremediavelmente preso por um laço de fita a encantadora jovem.

O poema segue no mesmo tom, fechando cada verso com o *laço de fita*.

E termina, em alegre exaltação:

Pois bem! Quando um dia na sombra do vale
Abrirem-me a cova..., formosa Pepita!
Ao menos arranca meus louros da fronte,
E dá-me por coroa...
Teu laço de fita.

Esse belíssimo poema seria suficiente para instalar o autor, Antônio de Castro Alves (1847-1871), dentre os grandes poetas brasileiros.

Mas ele fez muito mais que isso.

Em plena efervescência do movimento pela abolição da escravidão no Brasil, em 1868, declamava o poema *Navio Negreiro*.

Seria, desde logo, o mais contundente libelo contra o odioso regime, que já atravessara três centenas de anos, resistindo aos movimentos renovadores no século das luzes, em que pontificava a Doutrina Espírita, codificada em 1857, onze anos antes, com a publicação de *O Livro dos Espíritos*.

Avançando muito além da timidez das religiões tradicionais, que sustentavam uma coexistência pacífica com a escravidão, Allan Kardec enfatiza, em comentário à questão 829:

É contrária à Natureza a lei humana que consagra a escravidão, pois que assemelha o homem ao irracional e o degrada física e moralmente.

***

Imagino Castro Alves declamando *Navio Negreiro* para seletas platéias.

Primeiro as amenidades, falando da luz, *dourada borboleta;* das ondas, *infantes inquietos;* do veleiro que desliza no mar, *como roçam na vaga as andorinhas.*

E deleita-se: *Oh! Que doce harmonia traz-me a brisa, que música suave ao longe soa! Meu Deus! Como é sublime um canto ardente, pelas vagas sem fim boiando à toa!*

Aos poucos muda o tom, destacando o principal – a condição dos infelizes passageiros, em viagem compulsória para o Brasil.

Diga-se de passagem: aportavam em nosso país quando conseguiam sobreviver aos tormentos da viagem, no *porão, negro, fundo, infecto, apertado, imundo, tendo a peste por jaguar... e o sono sempre cortado pelo arranco de um finado e o baque de um corpo ao mar...*

Desdobra-se a tragédia daqueles seres humanos vilmente aprisionados no continente negro – ... *ontem plena liberdade, a vontade por poder... Hoje, cúmulo de maldade, nem são livres para morrer!*

Impossível evitar a emoção nos versos finais, desde o momento em que, após perguntar se *existe um povo que sua bandeira empresta para cobrir tanta infâmia e cobardia,* descobre que o navio leva a bandeira brasileira. Chora o poeta:

Auriverde pendão de minha terra,
Que a brisa do Brasil beija e balança,
Estandarte que a luz do sol encerra,
E as promessas divinas da esperança...
Tu, que da liberdade após a guerra,
Foste hasteado dos heróis na lança,
Antes te houvessem roto na batalha,
Que servires a um povo de mortalha!...

E conclui, enfático!

Fatalidade atroz que a mente esmaga!
Extingue nesta hora o brigue imundo
O trilho que Colombo abriu na vaga,
Como um íris no pélago profundo!...
...Mas é infâmia demais... Da etérea plaga
Levantai-vos, heróis do Novo Mundo...

Andrada! Arranca esse pendão dos ares!
Colombo! Fecha a porta de teus mares!

Navio Negreiro foi uma das mais importantes contribuições em favor do movimento abolicionista, sensibilizando a opinião pública em relação àquela ignomínia.

***

Atente, leitor amigo, à notável particularidade:
Quando escreveu *Navio Negreiro,* Castro Alves mal chegara à maioridade.
Vinte e um anos!
Impressiona em sua poesia a variedade das citações, a erudição, a musicalidade dos versos, a dramaticidade das situações, exercitando aquela capacidade extraordinária de tocar nossa sensibilidade.
Como todos aqueles que pontificam em determinado setor de atividade, Castro Alves *nasceu pronto!*
Trazia consigo imensa bagagem cultural que aflorou desde seus arroubos juvenis.
Para Espíritos de seu porte, aprender é somente recordar, como argumentava Sócrates.

Pudéssemos devassar o passado e haveríamos de identificar o grande vate baiano a pontificar na pele de ilustres poetas do pretérito.

***

O movimento abolicionista culminou com a Lei Áurea, promulgada pela princesa Isabel (1846-1921), em 13 de maio de 1888, acabando com a escravidão.

O poeta já não estava entre nós.

Em 1871, aos vinte e quatro anos, enfraquecido por insidiosa tuberculose, sofreu um acidente com arma de fogo. Atingido, um de seus pés acabou amputado. Piorou o quadro clínico. Pouco depois, faleceu.

Não precisou de muito tempo para desempenhar sua missão.

Os gênios são assim mesmo.

Às vezes, passam breve, mas deixam marcas luminosas, inesquecíveis!

Fez-se ele mesmo protótipo de sua expressão, em *O Livro e a América:*

...Que, se a luz rola na Terra,
Deus colhe gênios no Céu!...

Veio de lá

Agatha Christie (1891-1976) afirmava:

Um arqueólogo é o melhor marido que uma mulher possa ter: quanto mais velha ela fica, mais ele se interessa por ela.

Pena que existam tão poucos, dirá a leitora casadoira.

Anime-se! É uma profissão em expansão, graças à ação estimulante de arqueólogos que têm realizado grandes descobertas sobre culturas do passado.

Um deles foi notável: Jean-François Champollion (1790-1832) nasceu em Figeac, na França. Embora filho de pais franceses, tinha pele mais escura. As córneas amarelas e o talhe do rosto eram tipicamente orientais.

Detalhe singular: um vidente profetizara que aquele menino haveria de conquistar imorredoura glória.

Acertou!

Ele se destacaria como um dos grandes especialistas, talvez o maior, em egiptologia. Seu feito mais notável: decifrar a escrita hieroglífica, que há séculos desafiava os pesquisadores.

Champollion é o exemplo típico do Espírito que vem à Terra para determinada missão, ligando-se desde cedo ao trabalho que lhe compete realizar.

Tinha incrível facilidade para idiomas.

Já aos onze anos sabia o latim e o grego. Dedicou-se, então, ao hebraico, aprendendo rapidamente a dominar aquele idioma.

Nesse tempo, tomou contato com uma coleção de papiros egípcios. Viu, fascinado, inscrições hieroglíficas em lajes.

– Pode-se ler isso? – perguntou a um especialista.

Ante a resposta negativa, afirmou convicto:

– Dentro de alguns anos eu os lerei! Quando for grande!

Com treze anos começou a estudar o árabe, o siríaco, o caldaico e, depois, o copta. Acentuam seus biógrafos: tudo o que ele aprendia, tudo o que procurava estava sempre relacionado com o antigo Egito. E aprendia rapidamente, como se apenas estivesse recordando algo que já conhecia.

Aos dezessete anos traçou um mapa histórico do império dos faraós. Mal começava sua jornada, mas, já nessa idade, pelo montante de pesquisas e trabalhos apresentados, foi eleito, por unanimidade, membro da Academia de Grenoble, importante centro cultural francês, na região dos Alpes.

De estudante passava a acadêmico, respeitado por sua incrível cultura e sagacidade, algo espantoso num jovem mal saído da puberdade.

Em breve, concluídos seus estudos, foi para Paris, levando consigo o sonho que acalentava:

Decifrar os hieróglifos.

***

Em seu caminho estava misteriosa pedra, encontrada nas proximidades da cidade de Roseta, no Baixo Egito, em 1799.

Era do tamanho de um tampo de mesa, de basalto negro, com granulação fina, muito dura, polida de um lado.

Apresentava três inscrições, em parte gastas e apagadas pela fricção da areia que o vento despejara sobre ela, durante milênios.

A primeira inscrição, com quatorze linhas, era hieroglífica.

A segunda, com trinta e duas linhas, demótica.

A terceira, com cinqüenta e quatro linhas, grega.

Cientistas e estudiosos, na França, na Inglaterra, na Alemanha, na Itália, empenharam-se em decifrar a inscrição hieroglífica, por comparação, considerando que devia ser um mesmo texto grafado em três línguas. Ninguém conseguira.

***

Havia um equívoco fundamental. Desde séculos, os pesquisadores imaginavam os hieróglifos como escrita ideográfica. Todas as interpretações buscavam o sentido simbólico daquelas figuras misteriosas.

Champollion seguiu outro caminho: considerou que as figuras hieroglíficas eram *letras*.

A partir daí decifrou a pedra de Roseta, tendo-a por ponto de partida para penetrar nos mistérios dos faraós.

Concluiu, também, acertadamente, que ao longo dos séculos a escrita egípcia modificara-se substancialmente e que era preciso identificar essas alterações para uma tradução correta, procurando, antes de tudo, considerar o período em que determinado texto fora grafado.

***

Champollion esteve no Egito de julho de 1828 a dezembro de 1829.

Aconteceu famoso *déjà vu*, o já visto, já vivido.

Nada era novidade. Caminhava pelas ruínas da antiga civilização com incrível familiaridade. Parecia um egípcio dos tempos dos faraós. Não só decifrava inscrições como as definia e interpretava, desfazendo enganos sobre a localização de monumentos, trazendo novos conhecimentos, avançando nas pesquisas.

Champollion nascera tão impregnado daquela milenar cultura que, não obstante filho de franceses, imprimira no próprio corpo, ao reencarnar, características morfológicas próprias dos antigos egípcios.

É um fenômeno curioso e raro, que desafia as leis da genética, mas facilmente explicável à luz da Doutrina Espírita.

O grande pesquisador do antigo Egito viera de lá!

Perigosa recapitulação

Se você, leitor amigo, pretendesse proteger uma propriedade ameaçada por malfeitores, contrataria um professor, um religioso, um filósofo ou um médico?

Nenhum deles, evidentemente. Procuraria alguém do ramo.

Imagino a dificuldade dos mentores espirituais que nos governam, conduzindo a Humanidade pelos caminhos do progresso, com relação à escolha dos missionários para tarefas desse teor.

Exemplo típico: a sustentação dos ideais da Revolução Francesa, que acabava com o absolutismo monárquico, suprimindo a idéia do soberano com plenos poderes por delegação divina.

Abria-se um caminho novo – o governante eleito pelos governados, o poder emanado do povo, todos iguais perante a lei...

Ocorre que as monarquias absolutistas européias não viam com bons olhos as mudanças em curso, com previsíveis e violentas reações. Perder o *mandato divino* que colocava o rei acima do Bem e do Mal, autoridade suprema e incontestável, não se afigurava animador para a realeza.

Era preciso enviar alguém familiarizado com a disciplina da caserna, capaz de mobilizar recursos em defesa daquelas conquistas.

Problema sério, porquanto os Espíritos Superiores não têm vocação para a guerra.

Resumindo: não poderia ser um *Espírito de Luz,* ainda que iluminado por sagrados ideais.

Dentro desse perfil, a espiritualidade optou por um dos grandes vultos da antiga Roma.

Consta que teria sido Júlio César (100-44 a.C.), que reencarnou na Córsega, recebendo um nome que seria igualmente famoso: Napoleão Bonaparte (1769-1821).

Sua carreira, rumo ao governo da França, foi meteórica. Exprimia bem sua habilidade política e militar, alguém talhado para o que se esperava dele, e o fato de que havia decisivo apoio da Espiritualidade.

Aos trinta anos, após brilhantes campanhas militares e hábeis articulações, assumiu o governo francês na condição de primeiro-cônsul, num triunvirato. Desde logo, entretanto, deteve todos os poderes. E os exercitou plenamente, organizando o governo, a administração, a polícia, a magistratura e as finanças.

Sua reforma mais significativa e duradoura foi o famoso *Código de Napoleão,* considerado o maior avanço jurídico dos tempos modernos. Consolidava os princípios defendidos pela revolução francesa, com destaque para a idéia de que não havia privilégios de nascimento e todos eram iguais perante a lei.

Em tempos de aristocracia, em que as pessoas eram avaliadas e valorizadas pelo nome, foi respeitável avanço.

O *Código de Napoleão* conserva sua atualidade. Com pequenas modificações, tem sido adotado por vários países.

***

Não obstante, Napoleão não conseguiu vencer instintos guerreiros e a vocação para o poder, herdados de suas experiências na Roma imperial.

Em 1804, aos 35 anos, fez-se coroar imperador da França, exatamente o contrário do que lhe competia fazer.

Vindo para combater o absolutismo monárquico, tornou-se, ele próprio, rei. Pior: um soberano ambicioso, inspirado em suas conquistas romanas, pretendendo um novo império, a estender seus tentáculos por toda a Europa.

A partir de então, perdendo o apoio da espiritualidade, envolveu-se em loucas aventuras militares, culminando com a desastrada aventura russa, em 1812, que dizimou o exército francês.

Tendo sob suas ordens aproximadamente quinhentos mil soldados, invadiu a Rússia. Os russos adotaram a tática da *terra arrasada*. Evitavam confrontos diretos e destruíam povoados e colheitas, de forma que os invasores não tivessem como conseguir suprimentos. Mesmo tendo tomado Moscou, Napoleão não logrou impor a rendição do exército inimigo.

Com a chegada do inverno, viu-se na contingência de ordenar a retirada de suas tropas, enfrentando a falta de víveres e o frio intenso. Apenas dez por cento dos soldados franceses sobreviveram.

Enfraquecido, não teve como suportar novos confrontos com países em coalizão, Alemanha, Prússia, Inglaterra e Áustria. Em 1814 o imperador francês abdicou e foi banido para Elba, pequena ilha na costa italiana.

Em 1815 fugiu e retornou à França, reassumindo o poder, de forma efêmera. Viu-se novamente às voltas com as potências européias em uma guerra que durou apenas cem dias.

Derrotado na batalha de Waterloo, foi preso e desterrado na ilha de Santa Helena, no Atlântico Sul, onde morreu em 1821, aos 52 anos.

***

A reencarnação envolve uma recapitulação.

Não obstante inspirados nos melhores propósitos, ao reencarnarmos, há as fragilidades, as tendências inferiores, os comprometimentos com o vício, a imaturidade que nos caracteriza, bem própria dos habitantes da Terra, planeta que ocupa humilde posição na sociedade dos mundos.

Se não tivermos cuidado, muito cuidado, esse lado escuro de nossa personalidade aflorará, induzindo-nos a reincidir nos mesmos desacertos do pretérito, ainda que convocados a missões respeitáveis, como aconteceu com Napoleão Bonaparte.

Apenas uma concha no oceano

Corria o ano de 1665.

Para fugir de uma epidemia que grassava em Londres, aquele jovem, recém-formado em Ciências na Universidade de Cambridge, resolveu passar uma temporada em sua aldeia natal.

Espírito inquieto, empolgado pelos enigmas do Universo, teve sua atenção atraída por uma maçã que despencou da macieira, perto de onde estava.

Experimentou, então, aquele momento de iluminação, o *estalo* que caracteriza as grandes descobertas.

Considerou que uma força poderosa permitira ao solo atrair a maçã, certamente a mesma que movimentava os mundos a se equilibrarem no Céu, exercendo influência uns sobre os outros.

Não se sabe se essa história é verdadeira.

De qualquer forma, *sei bene trovato* (é uma boa história), como ponto de partida para que Isaac Newton (1643-1727), aos vinte e dois anos, começasse a formular sua mais famosa teoria, definindo a lei de gravitação universal:

A *matéria atrai a matéria, na razão direta das massas e inversa do quadrado da distância.*

***

Newton é considerado o pai da ciência moderna, merecendo, para muitos, o título de maior cientista de todos os tempos.

Sua produtividade científica foi espantosa. Suas concepções no campo da astronomia, da física e da matemática foram tão grandiosas que se fala numa revolução newtoniana, algo na base de *antes e depois dele.*

Ainda em vida, era reconhecido por seus pares, mesmo por aqueles que eventualmente discordavam de algumas de suas idéias.

Tomando a matemática, desde o começo do mundo, até o tempo em que Newton viveu, o que ele fez é, sem dúvida, a melhor parte (Leibnitz, 1646-1716).

Principia (Princípios Matemáticos da Filosofia Natural) *é superior a qualquer outro trabalho do gênio humano* (Laplace, 1749-1827).

***

Oportuno considerar que Newton formulou a maior parte de suas teorias a partir dos vinte anos.

Algo inusitado alguém nessa idade estar tão envolvido com a Ciência e capaz de formular cálculos e desenvolver teorias revolucionárias que praticamente deram início à ciência moderna.

Poderia tão grandioso contingente, o montante de sua contribuição, estar contido em tão exíguo continente, a cabeça de inexperiente jovem?

Forçoso reconhecer em Newton, como sempre acontece nesses casos, um Espírito vivido, um luminar da ciência, em pretéritas encarnações. Por isso, apresentava, desde cedo, imenso patrimônio de experiências e conhecimentos.

E há que se considerar o aspecto espiritual.

Grandes descobertas, na base de estalos, como teria ocorrido com a maçã, nascem de inspirações do Mundo Espiritual, permitindo ao Homem caminhar mais depressa pelos domínios do conhecimento.

***

Concebem os materialistas que princípios como o da gravitação universal dispensam a presença de um ser supremo, Deus, na ordenação do Universo. Ele se bastaria a si mesmo, sustentado por leis que o regem.

É espantoso que homens inteligentes possam cair nas armadilhas do raciocínio simplista.

Plenamente aceitável a existência de leis que regem a matéria, determinando os fenômenos que envolvem a vida universal, mas isso, longe de eliminar a idéia de Deus, apenas a ressalta.

Determinada lei que rege as relações na vida em sociedade não surgiu no código civil por explosão de uma tipografia.

Foi elaborada e aprovada a partir de estudos e debates nas esferas de competência. Para dar-lhe cum-